# 情報

小口日出彦

JN259124

講談社現代新書

2377

# はじめに

私は、自民党が大敗して政権を失った２００９年夏の総選挙直後から、２０１３年夏の参議院選挙に勝利して政権を完全に奪還するまでの４年間、同党の「情報参謀」役を務めた。

自民党が政権奪還に向けて、本書に記したような戦略的な情報分析活動をおこなっていた事実はこれまで一度として明らかになったことはない。自民党内部でさえ、政権奪還に向けてこのような活動が４年間も継続していたことを知る人は一握りに過ぎない。

私は、いつも「できるだけ目立たないように」心がけていた。第二次世界大戦のさなか、現代のコンピュータの生みの親となった天才アラン・チューリングが率いた英国の暗号解読チームが「次にどの輸送船団が狙われるか」「次にどの都市が空爆されるか」をあらかじめ知っていながら、敢えて知らないふりをして、味方が敵軍に攻撃されるがままに任せたように、情報戦では「調べている・知っている」ことを明かして有利なことは何もないからだ。加えて、自民党がこのような情報分析をおこなっていたという事実が明らかになると「報道や表現の自由の抑圧＝政治的な情報統制」と結びつけて暗い想像をめぐらせたあげく、誹謗中傷に回る人びとがいることも容易に想像できた。

## 韓国政府が仕掛けてきた「情報戦」

その気持ちが変わったきっかけは、第二次安倍《あべ》政権が成立して3年、2015年4月の安倍総理の訪米・議会演説のときの出来事だった。このとき、訪米直前の安倍総理に対して、韓国政府は情報戦を仕掛けた。米ワシントンDCのPRコンサルタントを雇い、日本の歴史認識、特に慰安婦問題を強調したネガティブ・キャンペーンを展開したのだ。2015年4月21日付の米ウォールストリートジャーナル紙（WSJ）に「安倍晋三《しんぞう》総理大臣の議会演説に先立って、日本の戦争史に関する韓国政府の立場を打ち出すため、韓国政府がPR会社を雇った」というニュースが載り、米PR業界紙がすぐ「月間2万6000ドルで6ヵ月契約」などと追加報道した。これに呼応するように翌日のワシントンポスト紙は「真実を訴えるために訪米した元日本軍従軍慰安婦女性へのインタビュー」を大きな写真入りで掲載している。

さらにマイク・ホンダ氏をはじめとする米国下院議員3人が自由演説で一席ぶったあ

と、「安倍総理の議会演説に謝罪の文言を入れるよう」日本大使館に申し入れをおこなった――といった出来事が続々と起こった。どこにも硝煙の臭いも無いし、熱い弾丸も飛んでこないが、これは明らかに情報による攻撃だった。

私が知るかぎり、日本国内でこの一件を正面から取り上げた大手報道機関は存在しない。むしろこの週は「首相官邸の屋上にドローンが落ちていた」一件で国内報道は持ち切りになった。この情報感度のギャップはとてつもなく大きい。「韓国政府が日本の総理大臣の訪米という機に乗じて仕掛けた情報戦」と「落ちてから2週間も発見されなかった小さなドローン」と、どちらが重大なニュースだろうか。

官邸のセキュリティの観点からすれば、知らないうちにドローンが飛んできて落ちていたことは見過ごせない重大事だが、ワシントンDCで仕掛けられた情報戦は国家の評価を毀損しかねないもっと重大な出来事だ。たとえ報道機関内部で「微妙な日韓関係を微妙な時期に刺激しない配慮」が働いたとしても、扱いを小さくし、印象を薄めてでも報道すべき「情報」だったと思う。

一方、報道されなかったという事実は、「ニュースの受け手（視聴者・読者）の興味を引かないから」と報道機関が判断したことも意味する。この時期に「韓国」関連で報道されていたのは「客船沈没事故1年」「韓国首相裏金疑惑で辞任」といった話題だった。「客船沈没事故1年」は当時のテレビ報道量の順位でも上位3位以内に入る〝注目の話題〟として扱われた。ズバリ言ってしまえば、報道の現場で「他人の不幸とスキャンダル」と呼ばれる当たりネタだからだ。このようなネタ選びは下品に映るかもしれないが、ニュースの受け手の好みを反映した結果である。情報の優先順位は、情報の受け手が左右するものでもあるのだ。実際、韓国政府の米国における日本ネガティブ・キャンペーンはこの時期に急に始まったことではなく、米国各地での慰安婦像の建設問題などの動きを国内報道機関も折々に伝えていた。そうしたニュースに視聴者や読者から鋭い反応があったならば、あるいは総理訪米直前の事件の扱いも変わっていたかもしれない。

日本では、情報を送り出す側も、情報を受け取る側も、双方が「情報の重要性に対する感覚が弛《ゆる》んでいる」と私には思えた。

## 「情報」の連鎖からは誰も逃れられない

「政治」という言葉から思い浮かぶイメージはどんなものだろうか。

カネ、権力、密室、それらの争奪をめぐって繰り広げられる選挙——といったドロドロしたイメージか。あるいは、消費税、景気・雇用、社会保障、災害対策、原発、戦争といった言葉の数々だろうか。

それらは、人びとが政治について抱いているごく一般的な印象だ。さらに言えば、そうした印象はもともと、テレビや新聞の報道、それを話のネタにした職場や街角での雑談、パソコンやスマートフォン間をかけめぐるソーシャル・ネットワーキング・サービス（SNS）への書き込みなどといった「情報のやりとり」の結果、定着したものだ。

一方、政治の現場では「人びとが政治についてどのような印象を持っているか」をいつも気にしている。「世論調査の数字がなぜ変わったのか知りたい」「人びとがいま政治のどこを批判しているのか、何を支持しているのかを知りたい」「これから先、人びとが何を期待しているのかを早く知り、先回りして行動したい」——と考えている。その答えは、やはり情報から得るしかない。

つまり「人びと（世論）」と「政治（政治家）」のどちら側から見ても「情報」が唯一最大の結びつきなのだ。情報がなければ、人びとが政治を評価することも批判することもできないし、政治家もどのような行動が期待されているのか（いないのか）の判断のしようがないからだ。

先に記した、安倍総理訪米直前のワシントンDCの状況についての情報を知ると知らないとでは、安倍政権の外交姿勢の理解に大きな差が生じる。「そんな理解の差は自分の日々の生活とは関係ない」と突き放せれば簡単なのだが、現代の人びとと情報の関係は、そんなに単純なものではなくなっている。

　私が関与した政治情報分析の現場では、テレビ報道を中心に、日々、政治にかかわるどのような話題がどのように扱われているのかを、リアルタイムで定量的にとらえることができる。それは人びとの興味を代表する「値」と解釈できる。報道状況と合わせて、ツイッターのつぶやきやフェイスブックの書き込みを分析すると「人びとの興味がどのように拡散し、やがて消えていくのか」も見えてくる。ネット検索で打ち込まれるキーワードの傾向や、ウェブサイトのアクセス量からも人びとの発想や行動が浮き彫りになる。それらは、政治情報の基礎として政党にフィードバックされ、政策に反映し、国の舵取りを左右し、やがて人びとの暮らしにフィードバックされる。一人一人が受信したり発信したりする情報は小さなものであったとしても、一見政治とは何の関係もないし意識もしていない情報行動だったとしても、その集積が、結局は自分の暮らしに跳ね返ってくる。

　現代という時代は、パソコンやスマートフォンやネットを通じて、ほとんどすべての人が好むと好まざるとにかかわらず、情報の生成や増幅や消滅のプロセスに参加せざるを得ない。現代を生きるとは情報世界を生きることだと言っても過言ではない。本書を手にする読者のみなさんも政治や経済や社会で起こるさまざまな事象と「情報」によって結びついており、程度や立場の差はあるとしても、その結びつきから逃れることはできない。極端に言えば「自分は関係ない」という姿勢、「何もしない」という行動ですら、結果に影響するということなのだ。

「情報」は、現代にあっては量的にはきわめて大量化、質的にはきわめて精緻化している。ウェブやスマホでの検索のように、人びとがモノの値段を比べたり、旅先の見どころを調べたり、レストランや映画の新作の評判を仕入れたりする「情報活動」がここ5〜10年のあいだに激変したことは誰もが実感しているだろう。同様の変化が政治にも及んでいるのだ。

にもかかわらず、情報の送り手（報道機関など）も受け手（視聴者や読者）も依然として政治＝カネや情実の世界と見ている。政治と言えば、報道されるのはカネをめぐる疑惑や男女関係・失言・暴言といったスキャンダル、議会映像もヤジや怒号が飛び交う場面ばかりが好んで切り取られる。結果、そういう情報に基づいて人びとの「政治」の印象が固まり、ほんとうに重要な情報がこぼれていくのである。

私とて、政治にカネや情実が絡まなくなったとは思わない。しかし、政治の現場でどのような情報活動がおこなわれているか、政治のなかで情報の価値がどれほど高まっているかをそろそろ明らかにすべきときではないのか——安倍総理訪米直前の出来事をきっかけに、考えを改めた。今回、執筆を決断したのは以上の理由による。

## 政権奪還にいたる4つのフェーズ

２００９年の衆院選から、２０１３年参院選のあいだ、自民党が政権奪還に向けてたどった道を情報活動の観点から整理すると、以下の４つの局面（フェーズ）から構成される。

■第1フェーズ（2009年秋〜2010年7月参院選）

自民党大敗の総選挙結果を「データ」だけで80％超的中させた分析をきっかけに、自民党本部の情報分析会議が始まる。２０１０年４月までは週に1度の暗中模索。5月の連休明けから分析ピッチを毎日ペースに詰めて参院選に臨む。ネットＣＭ戦略なども果敢に織り込んで政権奪還への橋頭堡《きょうとうほ》を築く。

■第2フェーズ（2010年秋〜2011年夏）

小沢一郎《おざわいちろう》氏の「ニコニコ動画」独占会見や「尖閣ビデオ」の流出（YouTube）をきっかけに、政治の世界にネットが食い込む。自民党もネットメディア利用を加速。ネット上の情報分析も本格化。テレビ報道状況が一目でわかるインフォグラフィックスを作成。東日本大震災を経て情報収集・分析の手法が確立する。

■第3フェーズ（2011年秋〜2012年12月衆院選）

民主党3人目の野田《のだ》佳彦《よしひこ》総理。前任2人に比べて手堅い分、情報的には〝地味〟。政治全体の情報露出が少なくなり、情報分析もやりにくくなった。世論調査結果も不安定。そんななかで安倍晋三現総理が「総裁再チャレンジ」で浮上。自民党総裁選が注目を集めた。安倍新総裁が党首討論で解散を引き出し、年末の総選挙で一気に大勝。

■第4フェーズ（2013年1月〜7月参院選）

第二次安倍政権発足。勝った勢いを緩めず、7月の参院選に向けて1月から選挙態勢。蓄積した情報戦ノウハウを全力投入で臨む。初のネット選挙運動解禁の国政選挙。自民は候補者全員にタブレット端末を配付、ゲームアプリを入口にして有権者を政策サイトへ誘導。また、司令塔としてＩＴ企業を巻き込んだプロジェクトチームを設置し、参院選圧勝。

私は、この4つのフェーズにわたり、自由民主党の報道局や広報本部に所属する国会議員たちをボスとして仕えた。本書は、傭兵でありながら、図らずも情報参謀役となった私が助太刀した「政権奪還の情報戦」の全貌である。

今回の情報参謀役としての私の働き方を、身近なモノに例えるならカーナビゲーション、いわゆる「カーナビ」が適切だと思う。

**・自民党　＝クルマ**
**・運転者　＝自民党の国会議員**
**・私　　　＝カーナビ**
**・目標地点＝政権奪還**

クルマのカーナビでは地図表示しながら、「しばらく道なりです」「300メートル先左方向です」「右から合流があります」「事故多発地点です」といったアナウンスを参考に運転していく。アナウンスが遅くても早くても運転者はイライラするものだ。田舎を走っているときと都心を走っているときでは縮尺を変えないとうまく走れない。よく知っている道では、カーナビの杓子定規な案内が信じられなくなったりもする。

同じようなことが政治の世界のナビゲーションにも言えた。いま私たちはどんな道を走っているのか、危険はどこにあるのか、この道は最短距離なのか、迂回した方がいいのか、そもそもこの道で方向は合っているのか――試行錯誤の連続だった。

しかも、政治の世界のナビゲーションには競争相手がいる。競争相手がすぐ隣を並走している「ドッグファイト」状態のときもあるし、相手は見えず、ただただ自分のペースを決めて走るしかない場面もある。

クルマのレースの世界で「ドライバーやメカニックの職人芸＋データ分析」が当たり前になったように、私もまた、「ベテラン議員や党職員の経験と勘」がモノを言う政治の世界に「データ分析」を加えた。

クルマではGPS衛星からの信号が位置や進行方向データの基礎になる。一方、政治の世界では、テレビや新聞の報道内容やネットにアップロードされたテキストが基礎データとなる。私は、現在地点がなんとか判別できるレベルからスタートして、機能を追加したり表示を改善したりして徐々に性能を上げ、ついに政権奪還という目標地点にたどり着いた。発端から数えると１４６１日に及ぶ情報ナビゲーションだった。

なお、本書は、私のメモや記憶をもとにまとめられている。登場人物や出来事はすべて実在・事実だが、あくまでも当事者のひとりとして現場に居た私の視点でとらえたものだ。本書の記述のなかに時間や事実関係の誤りがあるとすれば、それはすべて私の責任である。また、登場人物の肩書は当時のものであること、人名については一部敬称を略したことをお断りしておく。

くりかえしになるが、政治は、カネや情実だけで動く世界ではなくなりつつある。それどころか、情報技術（IT）やツールの進歩によって急ピッチに人びとの発想や行動との結びつきを強めている。私が本書で明らかにしたいのは、「政治に、テレビやネットの情報の分析が組み込まれ、人びとの小さな行動の集積が大きな政治活動の結果に結びつけられている、その最新の事実と仕組み」だ。本書の書き手である「私」も、読み手である「あなた」も、すでにその事実と仕組みの一部なのである。

小口日出彦

目　次

## 終わりに（2016年5月）

### 情報の結節点に網を張る ―― 211

「果しなき流れの果に」が発想の原点／「不安な時代」を情報で生きる

# 第1フェーズ
## (2009年秋〜2010年7月参院選)

## 野党転落
## ——報道分析から
## 復活への手がかり

自民党大敗の総選挙結果を「データ」だけで80%超的中させた分析をきっかけに、自民党本部の情報分析会議が始まる。2010年4月までは週に1度の暗中模索。5月の連休明けから分析ピッチを毎日ペースに詰めて参院選に臨む。ネットCM戦略なども果敢に織り込んで政権奪還への橋頭堡を築く。

## 「10分で説明してくれ」

２００９年8月30日の第45回衆議院議員総選挙。

この日、自民党は民主党に歴史的大敗を喫した。民主党３０８議席に対し、自民党１１９議席。議席占有率64・２％という、民主党にとって空前絶後の大勝利だった。9月には鳩山由紀夫《はとやまゆきお》内閣が発足し、対する自民党は政権の座を失い、野党に転落という未曾有の危機に陥っていた。

その年の11月、私はそれまで縁もゆかりもなかった自民党本部に呼ばれ、茂木敏充《もてぎとしみつ》報道局長の前に立っていた。何度かテレビで見たことのあるその顔は、その日はなんとなく不機嫌そうで、分厚い資料に黙々とペンを入れている。呼ばれて訪れたにもかかわらず、「なにしに来た」という空気が充満していた。私に同行していた同僚は、その場の雰囲気に呑まれてしまい、すっかり萎縮していた。

茂木氏が突然口を開いた。

「10分やるから、何ができるのかを説明してくれ」

アポイントの時間は1時間ということになっていたのにだ。

正直なところ、私は少しムッとしたのだが、せっかくの機会だし、偉い人相手にはよくあることだから、と気を取り直して説明を始めた。

「我々はテレビで何が報道されているか、インターネットで何が語られているかに関する情報をすべてデータベース化して持っています。今夏の総選挙では、そのデータを基に全国300小選挙区の候補者の得票率を予測し、毎日更新して発表しました。選挙戦中日の集計では新聞や通信社の世論調査に引けを取らぬ予想を弾き出し、最終的中率は80・33%に達しました。選挙直後におこなった総合的な分析から、今回の選挙で民主党に風が吹いた情報構造も明らかにすることができました。こうした分析は、政党名や候補者名のテレビ報道における露出量やネットのブログや掲示板での書き込み量から導かれます。その量を計る基本要素がメタデータといいまして……」

そのとたん、「わかっているから、そこは大丈夫だ」と遮られた。

茂木氏は、丸紅、読売新聞社政治部記者を経てマッキンゼー社のコンサルタントを務めた経歴を持ち、頭脳明晰な人らしいということは事前の調べで知っていたが、情報に対する感度も非常に高い人のようだった。そこで私はどんどん先を続けた。

「メタデータは毎日数万件単位でデータベースに蓄積していきます。そのデータベースを、例えば麻生《あそう》太郎《たろう》というキーワードで検索すると、8月1日には何回登場したのか、翌日はどうなのか、前日に比べて増えているのか減っているのかを数えることができます。

同じように鳩山由紀夫について検索すれば、麻生太郎とどちらが多いのか、それぞれの増減のパターンはどのように違うのか、といったことが見えてきます。このような出現頻度や出現の傾向が情報分析の手がかりになるのです」

茂木氏はこちらも見ずにただ聞いていた。しかし、最初とは違って真剣に耳を傾けてくれている気配が伝わってきた。

「あるキーワードの出現頻度や出現のパターン、つまり『情報の表れ方』と選挙結果には非常に高い相関性があることが、この夏の総選挙の私どもの情報分析で明らかになったのです。こうした情報分析を定常的におこなっていけば、どんなキーワードが世論をどう左右しているのか、あるいは国会での質問に対して世論がどう反応しているのかといったことも解き明かせる可能性があると考えています」

茂木氏から発せられた質問はただひとつ。

「それはいつもできるのか？」だった。

「いつもできるかどうかは保証のかぎりではありませんが、仕事としてご依頼いただければやらせていただきます」

「うん、わかった」

それで終了。話は本当に10分で終わってしまった。

クチコミ@総選挙2009の概要

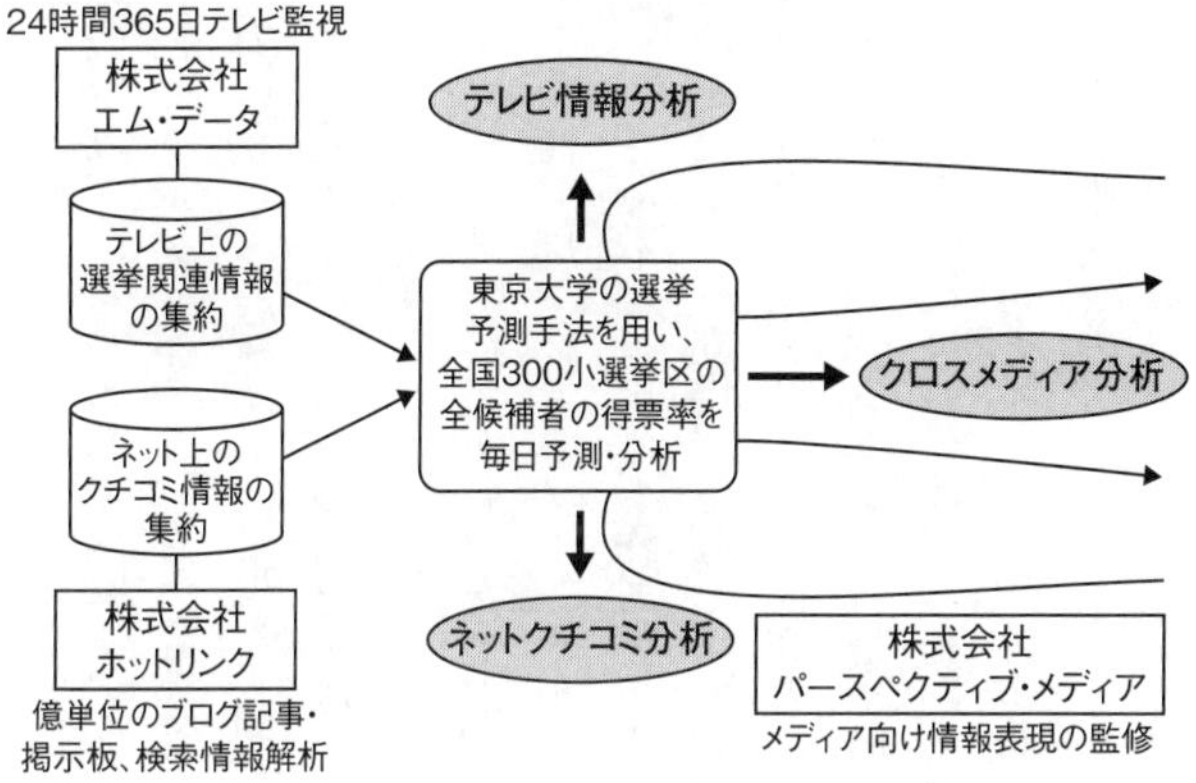


テレビやネットから収集したデータを用いた「情報分析」をおこない、方向性を示唆する。前例のない〝情報参謀〟として、私たちのチームが自民党のために働くことが決まった瞬間だった。

## クチコミ@総選挙2009

ここで、この総選挙で私たちがおこなってきたことをあらためて説明しておきたい。この総選挙の情報分析が、あらゆる面でその後4年間にわたる情報分析の基礎になっているからである。

麻生内閣の下で衆議院が解散し、総選挙の日程が決まった直後、私を含めた複数の企業・組織から成るチームは「クチコミ@総選挙2009」と名づけたプロジェクトを立ち上げた。

その内容は、テレビの報道内容や、インターネット上のブログや掲示板の書き込みやその拡散＝ネットクチコミ情報を大量に集め、そのデータを数理モデルに当てはめることで、全国300小選挙区の得票率予測に挑む——というものだった。要するに、テレビやネットの情報だけで選挙の当落予測をしてしまおうという、大胆不敵なプロジェクトだった。

このプロジェクトにかかわったのが、テレビ番組を24時間365日チェックしているエム・データ社、ウェブ上のソーシャル・ビッグデータに関するサービスを提供するホットリンク社、予測数理モデルを作成する東京大学の3者。このときの私は、当初エム・データ社の取締役という立場で参画したが、プロジェクトの実施段階で私がオーナーであるパースペクティブ・メディア社の代表として情報分析の進行と予測結果の発表を統括した。

エム・データ社もホットリンク社も当時は駆け出しのベンチャー企業で、東大はホットリンク社の内山幸樹《うちやまこうき》社長の母校だったために縁がつながった。

私たちは8月中旬までは準備に奔走し、8月18日の公示から同30日の投票日まで毎日予測システムを動かした。

## 現象に気づき、仮説を立て、検証する

エム・データ社は、テレビを365日、24時間見て、報道番組、ドラマ、バラエティからCMまであらゆる放送内容をデータベースに記録している。一方、ホットリンク社は、インターネット上のブログや掲示板の書き込みをすべて記録し、データベース化している。つまり、両社のデータを合わせれば、テレビとインターネット上で「何」が「どれだけ」情報として世の中に露出しているかがわかるのである。

両社が持つ膨大なデータベースから政治にかかわりがあるデータを検索して抜き出して「露出状況の値」とする。その値を、東京大学で開発された予測数理モデルに当てはめると、各選挙区の各候補者ごとの得票割合（ある候補者がその選挙区で何％の票を集められるか）が計算できるのである。

この数理モデルは、人工知能（ＡＩ）の研究で知られる、東京大学大学院工学系研究科総合研究機構の松尾豊《まつおゆたか》准教授、同大学工学部システム創成学科の末並晃《すえなみあきら》氏が開発した。

末並氏はこのプロジェクト以前から、千葉県知事選挙、名古屋市長選挙、宝塚市長選挙、青森市長選挙などで選挙の結果と、ネット上の露出を計測したデータを分析して「選挙結果とネットクチコミの相関性」の研究を進め、ネット上のクチコミ量が蓄積していくとともに当落結果との相関が高まっていく事例を発表していた。しかしそれまでの研究は

「選挙結果が出た後にデータベースを検索して抽出した露出データを当てはめて、両者の相関性が高くなるような数理モデルを作り出した」ものだった。ここで「原因と結果がアベコベでいんちきじゃないか」と思ってはいけない。「ニュートンはリンゴが木から落ちるのを見て万有引力を発見した」という有名な逸話と同じことなのだ。

理論というものはおおむね、①ある現象に気づいて、②その現象を説明するために仮説を立てて、③仮説を実験や観測で証明する——という順番で構築される。ニュートンはあらかじめ万有引力の法則を知っていてリンゴが木から落ちる現象を説明したのではなくて、リンゴが木から落ちる現象を説明するために万有引力という仮説を立てたのだ。選挙予測の数理モデルも、「ネットクチコミと選挙結果には関係がありそうだ」という現象に着目して、それを説明するための仮説＝数理モデルを作ったということだ。

クチコミ＠総選挙は、アカデミックな観点からはこの数理モデルが「総選挙」という大規模な現象を説明できるように働くか確かめる、という実験だった。加えてその党や各候補者がテレビに露出した時間やその内容に対して、ネットがどのように反応したのかを追ってみることでも「何か」が見えてくるのではないか——その点についても論証したいと末並氏は考えていた。

とはいうものの正直、私たちの動機は「面白半分」だった。面白半分にせざるを得なかった。ホットリンク社の内山社長から「選挙の予測ができるかもしれないんですが、なにかに使えませんかね」という最初の持ちかけがあったとき、私はプロジェクトの実費くらいはまかなえるスポンサーが見つけられるかもしれない——と皮算用していた。しかしメディア会社やネット会社、あるいはリサーチ会社などで乗ってくれそうなところを二つ三つ当たったところであきらめた。発案から実施までが短くて説得に費やせる時間がほとんど無かったことも悪条件だったが、それ以上に「ベンチャー企業」×「情報分析」×「選挙予測」という3点が、文字通りカケ算で胡散《うさん》臭く思われていることが、反応からすぐ感じ取れたからだ。けれども、このくらいでくじけていたらベンチャー事業は前へ進めない。

これからの時代の情報分析のあり方をデモンストレーションしてみよう、また、私たちが提供するサービスの「商品見本」としてこのプロジェクトに取り組んでみようという方針にすぐ切り替えた。

「クチコミ@総選挙2009」という名称は、ホットリンク社のネット分析ツール「クチコミ係長」から付けた。私の知人が編集者を務めていたダイヤモンド社のオンライン・コラムにわたりをつけて、毎日情報発信できる特設枠を作ってもらった。予測情報の中身も「各選挙区の各候補者の得票率の予測」「各小選挙区の結果を集計した予想得票率の上昇率ランキング」、さらには「政党の小選挙区での議席獲得数予測」「政党別・候補者別のクチコミ数の推移」と整理し、選挙期間中には「激戦区分析」も加えた。

## 分析の基本となる「メタデータ」

情報分析の土台となる素材は「メタデータ」である。メタデータとは、ある情報の構成要素となっているデータのことを指す。「データのデータ」である。ちょっと取っつき難い概念かもしれないが、まったく難しくない。

例えば、いま手に取っていただいているこの本。この本は、さまざまなデータによって構成されている。タイトル、値段、重さ、ページ数、カバーがあり、帯がついている……など。さらに細分化すれば、帯の色はグレーで、そこにこういう文字が書かれている……といった具合に、「ある本」というデータが持っている、さまざまなデータがメタデータとなる。

書店や図書館で本を探す場合は、「タイトル」というメタデータが手がかりになる。どうしてもある古書の初版本がほしいとなったらタイトルだけでなくて、「奥付」なども合わせて調べることになる。この逆をやっているのはテレビの「開運！なんでも鑑定団」のような番組だ。江戸時代の有名絵師の掛け軸と信じて買い入れた人を「……この落款はよく似ているけどニセモノです」などとがっかりさせているのは、古い掛け軸の「落款」というメタデータに注目した結果だ。ここまで書けばおわかりいただけよう。メタデータはあなたの周りに無尽蔵にある。あなたが食べるもの、見たもの、身に着けるもの……すべてメタデータの固まりである。

ここで大事なのは「コンピュータを使って情報分析をする場合には、メタデータが必須となる」ということだ。メタデータなしには、検索も分類もできない。スマホを使って「渋谷　居酒屋　個室」などというキーワードで店を検索できるのは、グルメサイトの情報が「最寄駅」「業種」「個室あり」などのメタデータで分類されてデータベースに格納されているからだ。

その分類や格納はどんなふうになされているのか……を説明するとそれだけで別の本を書かなければならなくなるので省略するが、メタデータは膨大な量の情報の集積から特定の情報だけを抽出したり、情報の断片から全体像を推定したりするときに有力な手がかりになる。情報を分類したり並べ替えたりする作業を効率化するためにも使える。

## 人によって紡がれる「メタデータ」

ただし、情報からメタデータを抽出する際（例えばある居酒屋について最寄駅や業種や個室の

**24時間365日、膨大なテレビメタデータを蓄積する**

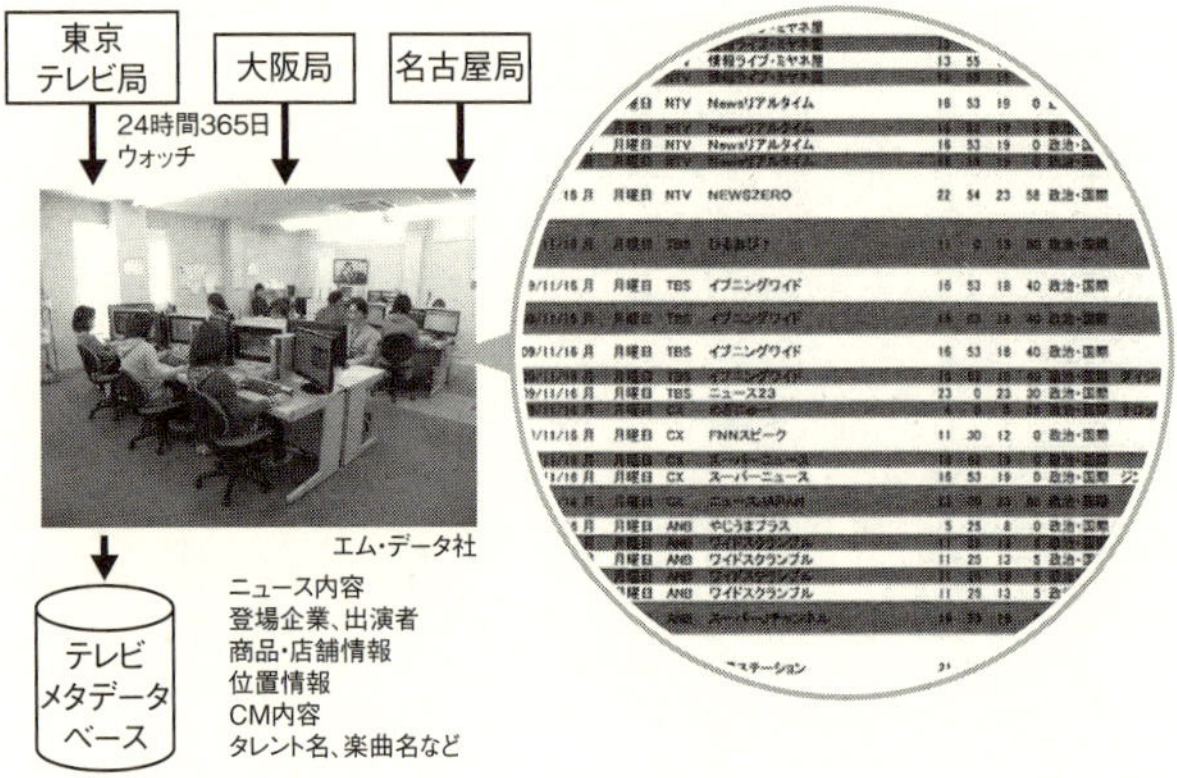


あり・なしといったメタデータを取り出す場合）には、しばしばアナログな手法が必要になる。人の目と手だ。

エム・データ社では、100名ほどの人間が、1日8時間ずつ3交代勤務でリアルタイムにテレビを視聴している。テレビに映った映像の内容（情報）を、テキストデータ（メタデータ）として記録していくのである。テレビ局名、番組名、放送日時、放送開始・終了時刻、番組内で放送された内容、会話やテロップ、企業名、出演者名など、映像や音声から得られるメタデータをテキストにしてつぎつぎと打ち込んでいく。このテキストデータの集積がテレビ情報のデータベースになり、コンピュータで検索したり分類したりできるようになる。

単純な作業に思えるが、この作業を機械化・自動化することはできない。メタデータの一部は電子番組情報等から自動的に取り込むこともできるのだが、こと映像や音声については、人間が見たり聞いたりして認識する力は、ＩＴの力をはるかに上回るからだ。例えば「和太鼓を叩いている」場面の映像を見て、それがお祭りなのかコンサートなのか、はたまた野球の応援なのか——といった判別を人間は直ちにできる。太鼓を叩いているのが大人なのか子どもなのか、太鼓の叩き方は上手なのか下手なのかといったことも一気にわかる。

いまのＩＴではこれと同じことを実現するのは非常に難しい。「非常に」には純粋に技術的な側面も、コストや時間の側面も含むのだが、とにかく実現性はまだまだ低い。すでに「人が話している音声を自動的にテキストに起こすサービス」などがあるのだが、テレビのバラエティ番組や討論番組によくあるように、人が話している最中に別の人が突っ込んだり、全員が一斉にしゃべりだしたり——といった場面になるとコンピュータは「なにがなんだかわからなく」なってしまう。映像をコンピュータに「見せて」その場面に説明をつけろというのはもっと難しいことなのだ。

そのため結局のところは人間が見て判断するしかないのだ。コンピュータに頼って中途半端なメタデータができあがり、後からもう一度人間が検証するくらいなら最初から人間がやったほうが早いということになる。そんなわけで、今日でもエム・データ社では、人力・手作業によるテキストデータの書き出しが続けられている。

一方、インターネット上のデータは、そもそもコンピュータを介して書き込まれたテキストなのではるかに扱いがたやすい。ブログ、掲示板やソーシャル・ネットワーキング・サービスにアクセスできる方法さえ確立すれば、自動的に取り込める。あるひとまとまりのテキストから「いつ」「誰が」「なにを主題として」書いたテキストなのか——といったメタデータを取り出す手法もいくらでもある。ホットリンク社は、当時（２００９年）で「35億ページ」分と言われる日本語の書き込みページをすべて集め、毎日ネットメタデータの蓄積量を増やしていた。また、その時点で巨大掲示板「2ちゃんねる」と商用利用契約を結んでいた唯一の会社でもあり、その書き込みをデータとして使うことができた。2ちゃんねるは、硬軟正邪とりまぜて世相や人心を反映した書き込みがなされる場所として隠然たる存在だった。政治に関する書き込みも多かった。その内容をデータとして引っ張り出せるというのは大きな強みだった。

## 的中率80・３３％の意味

投票日当日である8月30日の「クチコミ@総選挙２００９」での最終予測は的中率80・

33%を記録した。300小選挙区中241選挙区で当選者を的中させたのである。中間予想の段階では、8月21日の朝日新聞予想との一致率94%、8月22日の日本経済新聞および読売新聞予想とは87%一致した。

大規模な対面調査や電話調査を基本とするような、新聞社による調査にはかなわなかったものの、選挙に関してはまったくの素人だった私たちが、ほとんど調査費用をかけず、初めての試みでここまでの的中率をたたき出せたことは、私たちの手法がそれなりに有効であることの証明であり、想像していた以上の手応えを得ることができた。

それでは残りの19・67%はなぜ外れたのか、ということになるが、これは、終盤戦で激戦区の結果を最後まで読み切れないことが理由だった。選挙戦最後の3日間、あの「最後のお願いに参りました!」という、投票者への懇願次第でどう変わるかわからない部分があくまで残るということだろう。野球でいえば、本塁上のクロスプレーみたいなもので、アウトかセーフか最後までわからないという一面、そこに選挙もやはり「人間がやっていること」の面白さがあるともいえる。

それにしても世論の「風」がストレートに表れるのが、ネットクチコミの動向分析だ。このときには「民主党優勢」という「風」、それも大風が吹いた。この民主優勢の大風はテレビ、インターネットのクチコミともにはっきりと表れており、それが選挙区での各候

## 2009年総選挙時の政党別のクチコミの累計

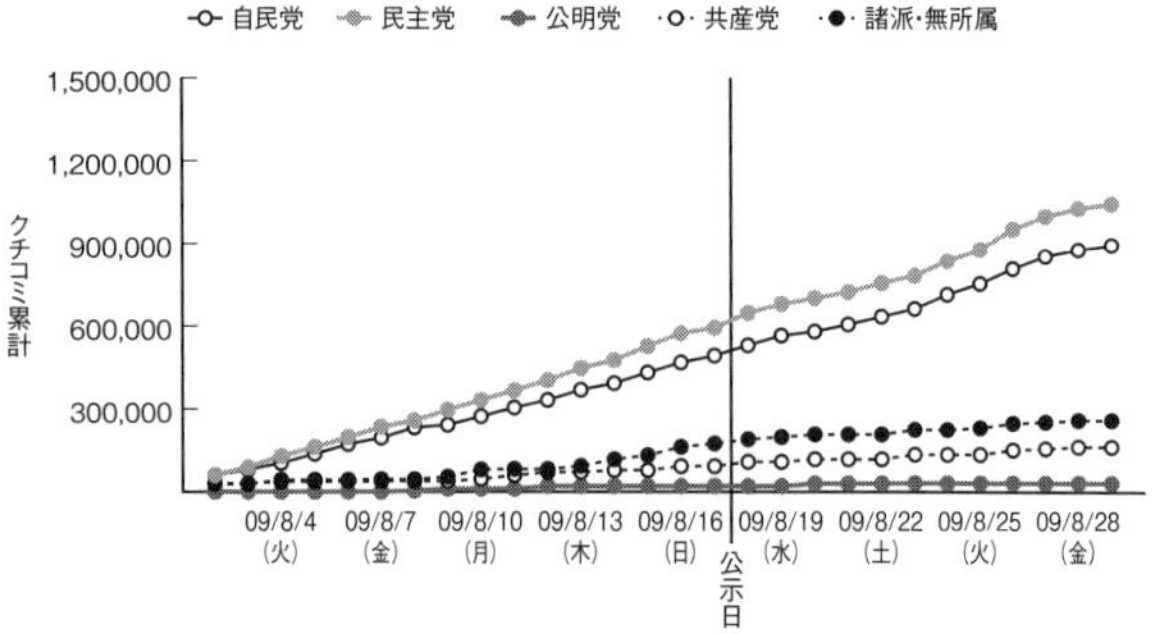


補者の当落とかなりの割合でリンクしていることを「クチコミ@総選挙２００９」は証明したといえるだろう。

大事なことをひとつ書いておきたい。じつは80・33％という数字は選挙予想としてはたいして威張れる結果ではない。数字よりももっと重要なのは、私たちは黙ってメタデータを分析しているだけでこの予想を弾き出すことができた――という事実だ。世論調査や事前投票の出口調査は、有権者に質問して答えを引き出す。私たちは、有権者になにも問いかけてはいない。「情報の趨勢《すうせい》を分析していれば聞かなくても政治的情勢がわかる」――これはきわめて当たり前の古典的な原則だと思う。クチコミ@総選挙を通じて、私たちはその原則をＩＴの手法を使って検証することができた。これがなによりも大きな収穫だった。

約2週間の選挙期間にわたるプロジェクトを終え10月に公開セミナーを開催した。そのセミナーに、衆院選でかろうじて生き残った自民党議員の秘書がたまたま来ていた。セミナーの内容を聞いて、このような情報戦略がこれからの選挙には必要なのではないか、と感じたらしく、その後「自民党で同じ話をしてくれ」という依頼が持ち込まれ、自民党で講演をおこなった。

その後、自民党報道局次長兼広報戦略局長の平井《ひらい》卓也《たくや》氏から声がかかり、彼の上司にあたる茂木敏充報道局長に「1時間ほど話をしてくれないか」となった。それが冒頭の茂木氏との「10分会談」である。

## 2009年夏は「のりピーの夏」

2009年夏の衆院選を「テレビの情報戦」としてあらためて分析してみよう。

8月1ヵ月間のテレビニュース（のメタデータ）を検証すると、驚くべきことに、選挙に関する情報はメインでは放送されていないということがわかった。

この夏の報道順位第1位は、「のりピー」こと酒井《さかい》法子《のりこ》の薬物使用・逮捕に関するニュースだった。8月3日に当時の彼女の夫が覚醒剤所持で逮捕され、酒井は任意同行を求められたが拒否して立ち去り、行方不明になった。結局彼女は8日、警視庁に出頭し、28日

## 2009年総選挙期間中の
## 東京キー局朝の報道番組のニュースランキング

| | 8月17日（月） | | 8月18日（火） | | 8月19日（水） | | 8月20日（木） | | 8月21日（金） | | 8月22日（土） | |
|---|---|---|---|---|---|---|---|---|---|---|---|---|
| 1位 | 酒井法子・ | 1:25:44 | 衆議院議 | 2:03:31 | 衆議院議 | 2:58:38 | 新型インフ | 2:35:17 | 酒井法子・ | 2:35:45 | 衆議院議 | 0:56:46 |
| 2位 | 新型インフ | 1:21:46 | 酒井法子・ | 1:17:42 | 酒井法子・ | 1:59:34 | 酒井法子・ | 2:28:52 | 新型インフ | 1:51:26 | 新型インフ | 0:53:25 |
| 3位 | 衆議院議 | 1:21:41 | 6党党首討 | 1:09:05 | 新型インフ | 1:11:54 | 衆議院議 | 1:07:07 | 男子陸上・ | 1:25:17 | 男子陸上・ | 0:28:00 |
| 4位 | 男子陸上・ | 0:46:39 | 男子陸上・ | 0:48:28 | 韓国・金大 | 0:34:42 | アフガニス | 0:41:29 | 衆議院議 | 1:25:13 | 酒井法子・ | 0:27:40 |
| 5位 | Uターンラ | 0:30:44 | 新型インフ | 0:32:02 | マイケルジ | 0:23:33 | 沖縄県那 | 0:39:38 | アフガニス | 0:40:01 | 全国高校 | 0:09:36 |
| 6位 | 山城新伍・ | 0:26:33 | 布施博・古 | 0:31:17 | 男子陸上・ | 0:21:18 | 矢沢永吉・ | 0:28:03 | 全国高校 | 0:23:56 | 押尾学・合 | 0:07:55 |
| 7位 | MLB・アス | 0:23:56 | 全国高校 | 0:24:59 | 山城新伍・ | 0:20:58 | 東京昭島 | 0:21:54 | 男子ゴルフ | 0:22:44 | 和田アキ | 0:07:52 |
| 8位 | 静岡県・震 | 0:19:40 | 女子陸上・ | 0:22:44 | アフガニス | 0:20:47 | 男子陸上・ | 0:21:40 | 警察庁・20 | 0:14:57 | 韓国・金大 | 0:06:48 |
| 9位 | ブラジル・ | 0:17:53 | アフガニス | 0:18:06 | 日ハム・新 | 0:19:05 | ラバンナ・ | 0:19:18 | 大阪府堺 | 0:10:49 | 埼玉県警・ | 0:05:48 |
| 10位 | 男子ゴルフ | 0:17:00 | 男子ゴルフ | 0:15:36 | 上戸彩・映 | 0:17:12 | 全国高校 | 0:17:38 | 兵庫県た | 0:10:38 | 男子ゴルフ | 0:05:15 |

| | 8月24日（月） | | 8月25日（火） | | 8月26日（水） | | 8月27日（木） | | 8月28日（金） | | 8月29日（土） | |
|---|---|---|---|---|---|---|---|---|---|---|---|---|
| 1位 | 衆議院議 | 1:45:16 | 衆議院議 | 1:56:12 | 酒井法子・ | 1:50:47 | 酒井法子・ | 2:21:00 | 酒井法子・ | 1:48:34 | 衆議院議 | 2:27:49 |
| 2位 | 酒井法子・ | 1:41:03 | 押尾学・合 | 1:38:48 | 新型インフ | 1:25:38 | 新型インフ | 1:42:30 | 衆議院議 | 1:40:52 | 酒井法子・ | 0:49:12 |
| 3位 | 大原麗子・ | 1:24:50 | 酒井法子・ | 1:33:24 | マイケルジ | 1:00:33 | 衆議院議 | 1:16:41 | 新型インフ | 1:33:56 | 新型インフ | 0:35:58 |
| 4位 | 女子マラソ | 0:56:56 | 新型インフ | 1:10:44 | 福岡県飯 | 0:49:26 | 女子柔道・ | 0:32:24 | 文部科学 | 0:59:18 | 女子柔道・ | 0:17:38 |
| 5位 | 小室哲哉・ | 0:41:17 | マイケルジ | 0:43:56 | 気象庁・緊 | 0:30:31 | 押尾学・合 | 0:31:25 | 押尾学・合 | 0:37:21 | 押尾学・合 | 0:13:22 |
| 6位 | 新型インフ | 0:36:51 | 全国高校 | 0:42:14 | 衆議院議 | 0:28:17 | 釧路市動 | 0:24:46 | 女子柔道・ | 0:35:24 | 男子陸上・ | 0:09:06 |
| 7位 | 韓国・金大 | 0:35:02 | 男子陸上・ | 0:24:32 | 男子陸上・ | 0:20:57 | 福岡県飯 | 0:23:16 | 松本人志・ | 0:18:30 | 映画「グット | 0:07:32 |
| 8位 | 男子陸上・ | 0:31:57 | 兵庫県加 | 0:21:20 | 押尾学・合 | 0:18:43 | 女子陸上・ | 0:22:47 | 兵庫県神 | 0:18:25 | 嵐・デビュー | 0:06:30 |
| 9位 | 押尾学・合 | 0:24:23 | 気象庁・緊 | 0:20:46 | 米国FRB・ | 0:12:37 | 米国・エド | 0:19:43 | 資生堂「ur | 0:15:02 | 7月完全失 | 0:05:14 |
| 10位 | 全国高校 | 0:23:36 | ローソン・ | 0:18:31 | 東京杉並 | 0:10:24 | 加藤清史 | 0:13:02 | 男子ゴルフ | 0:12:47 | 福岡県飯 | 0:04:48 |

## トピック別の累積報道時間推移
### 8月1日〜8月29日、放送開始から朝8時半までの東京キー局ニュース

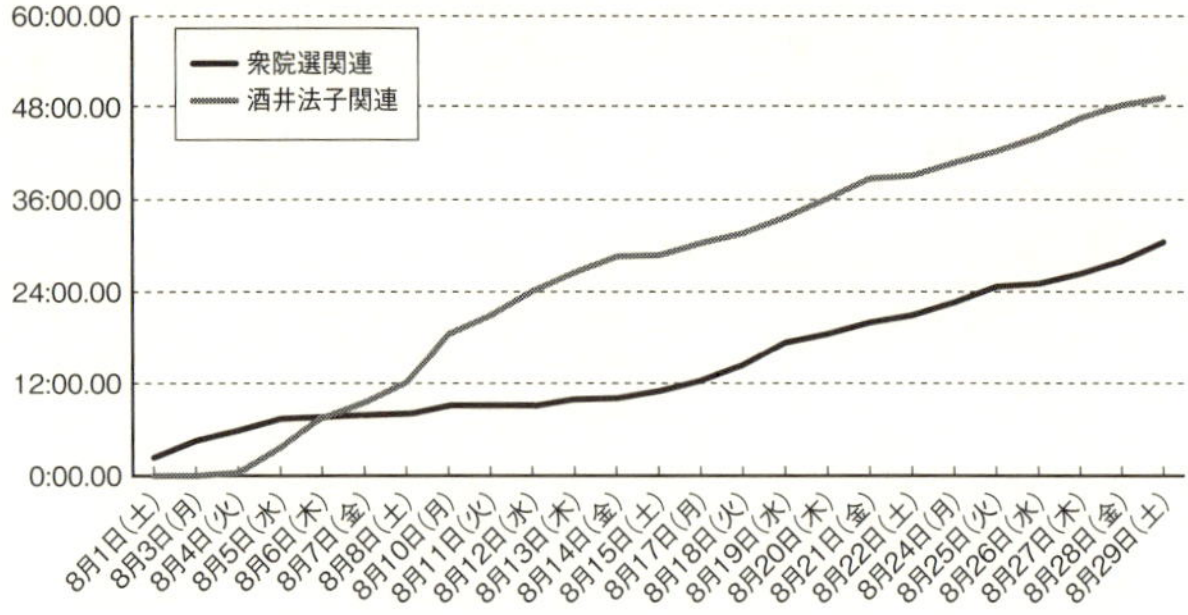

に覚醒剤取締法違反（所持）で起訴された。のりピー事件は選挙期間（18日公示・30日投票日）とバッチリ被った時期にまるでドラマのような展開を見せ、ニュースやワイドショーの主役となった。同じ8月には、六本木の高層マンションで、合成麻薬MDMAを使用したうえ、同室にいた女性が急死した一件で逮捕された押尾学《おしおまなぶ》の事件も重なった。テレビ報道のマトは完全に「ドラッグと芸能人」になってしまった。とても「衆院選の争点」が伝わる状態ではなかったといえる。

エム・データ社では毎日朝の4時台から8時台までのニュース番組をすべてチェックし、全チャンネルでどういうトピックがどれだけ取り上げられたかを計測、その日のニュースの順位を「日刊テレビニュース速報」として発行していた。このデータを見れば、当時は何が世間の話題になっていたかが一目瞭然だ。

8月17日から投票日前日の8月29日までのデータをふりかえって見てみると、報道順位で「酒井法子」のトピックが、1位・2位・2位・2位・1位・4位……と続いている。累積報道時間を追っていくと、酒井法子トピックは8月前半から後半に向けて、ほかのトピックをはるかに引き離しながら独走するように伸びていった。

2009年の夏はまさしく「のりピーの夏」だった。選挙期間中なのに、テレビのニュース報道では政治は1位にならない——という〝異常事態〟が起こった総選挙だった。エム・データ社のデータベースを基に計算すると、２００５年の衆院総選挙（郵政選挙）のときに比べて選挙関連のニュースは半減していた。

これが２００９年総選挙を分析するときの前提状況だ。

## 民主党が「わかりやすく」映った

万人受けしやすいという観点からすれば、政治・経済ネタは、報道のボリュームから言っても、優先順位から言っても、スポーツやエンターテインメントにはかなわない。少なくとも現在の日本ではそれが大勢だ。そういう前提があるなかで、テレビの編成は「政治情報も少しは入れておかなきゃ」というバランス意識で政治ネタを入れる。その結果、取り上げられやすいのは「わかりやすい一言」になりがちだ。

「わかりやすい一言」の威力は小泉《こいずみ》純一郎《じゅんいちろう》元首相がいい手本となる。２００５年のいわゆる郵政選挙で、圧倒的なパフォーマンスで人気を得た小泉氏。彼は一言で政治をつくってしまう「ワンフレーズポリティクス」を得意としていた。「感動した！」「自民党をぶっ壊す！」などと、マスメディアが取り上げやすい言葉を口にし、それが大きく報道された。その政治手法は「小泉劇場」とまで言われた。小泉氏がどこまで情報分析をやっていたか定かではないが、報道の利用の仕方を肌感覚でよくわかっていた人なのだと思う。

２００９年の夏も同じ現象が起こった。酒井法子や押尾学に占拠されたテレビのなかの、わずかな政治ネタのスペースで民主党の「わかりやすさ」が浮かびやすかったのである。

キャッチコピーは、自民党が「日本を守る、責任力。」だった。対して民主党は「政権交代。国民の生活が第一。」。これに「コンクリートから人へ」という、キーワードをポンと重ねた。どちらがわかりやすいかは、一目瞭然だろう。

テレビ出演時の民主党の攻め口についても同様のことがいえる。民主党は必ず二元論で攻めていた。「年金払えるんですか、破綻するんですか」。中間は認めない。こういった、否が応でも対決を迫るような絵はテレビ的にはすごく「おいしい」。

マスメディアが民主党推しになって風が吹いたという論評もあったが、そういう論評を招いた背景には、情報を制作して送り出す現場が、ウケやすい、わかりやすい方を押し出したという一面もあったのではないかと思う。

当然のことながら、情報を受け取る側もより具体的にわかりやすい言葉に反応する。「明日から年金がもらえません」「消費税が上がりますよ」といった、自分の生活に直結するような言葉を投げかけられれば、当然真剣に耳を傾ける人は増える。それを「消費税を社会保障に適用して、お年寄りには優しい老後、若い人たちには安心した子育てを」などと、漠然と訴えたところで、ロジックは理解できても、興味を持続するのは難しくなる。あの夏、民主党への「大風が吹いた」という現象は、芸能スキャンダル情報が轟き渡るなかで、相対的に「聞き取りやすかった」民主党のメッセージだけが有権者に届いた——ということだったと思われる。

その聞き取りやすさ、が戦略的に仕組まれたものであろうことは、テレビから得られるもうひとつの情報「CM」のデータ分析から明らかになった。

## 政党CMにも表れたメッセージ力の差

エム・データ社は、テレビで流れるすべてのCMも記録している。どんな企業・団体が、どの時間帯にどのテレビ番組でどんなCMを流しているか——には、じつはたいへん重要な情報が詰まっており、この夏の選挙でも自民党と民主党が選挙のために流した「政党CM」の放映記録からは両党の大きな差が読み取れた。

この選挙時期の自民党と民主党のCMはそれぞれ複数種類あったが、典型的な15秒CMを比べてみる。

民主党のCMは、「自分と社会の将来に、不安を感じているあなた。」という呼びかけで始まり、前半で赤ちゃんを抱いた女性や公園で遊ぶ子どもたち、工事現場で働くヘルメット姿の男性、そして病院で順番を待つお年寄りなどの姿が映し出される。そして「まず、政権交代」と訴える鳩山由紀夫代表が一瞬映り、「国民の生活が第一。民主党」という大文字で締める、という構成だ。一方、自民党のCMは、麻生太郎総理が東京都心の高層ビルの遠景をバックに、「ニッポンの景気回復、全治3年。あと2年で皆さんと築き上げたい。新しく成長する日本を」と滔々《とうとう》と語る。そして「日本を考える夏にしてください。」という文字が唐突に現れ、ふたたび麻生総理の正面姿に重ねて「日本を守る、責任力。自民党」というコピーで終わる。登場人物は麻生氏ただひとりである。

両党のCMは訴求している対象や訴求内容が明らかに違う。民主党の場合は、一般市民を象徴するような男女が主人公として登場し、いかにも国民の生活をイメージさせ、見る側に共感させるつくりになっている。15秒CMのうち10秒までは市井の人びとだけが続々と登場する。鳩山代表は10秒から13秒までの3秒間だけ登場し、「まず、政権交代」の一言だけですぐ消える。最後の2秒間は「国民の生活が第一。民主党」というコピーをじっくり見せる。

これに対して自民党のCMは15秒間の最初から10秒目まで麻生氏。最後の2秒も麻生氏。10秒目から3秒間は、「日本を考える夏にしてください。」という文字が浮かぶ。麻生氏以外の人物は登場しない。まず、時間配分と配役を比較しただけでもこれだけ違った。

**2009年8月分 東京地区放映テレビCM「政党」編
政党別のCM放映時間**

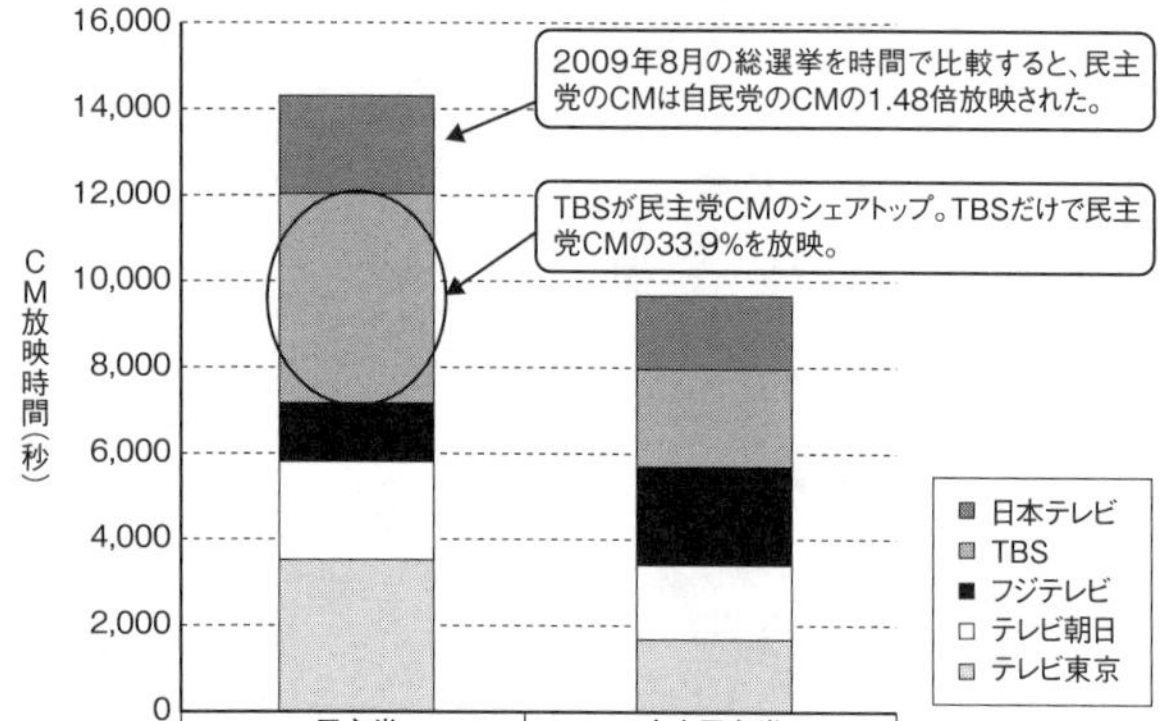


16,000
14,000
12,000
10,000
8,000
6,000
4,000
2,000

| | 民主党 | 自由民主党 |
|---|---|---|
| 日本テレビ | 2,205 | 1,710 |
| TBS | 4,845 | 2,250 |
| フジテレビ | 1,410 | 2,325 |
| テレビ朝日 | 2,325 | 1,725 |
| テレビ東京 | 3,495 | 1,665 |
| 合　計 | 3時間58分00秒 | 2時間41分15秒 |

※表内の各局ごとの数値はCM放映時間(秒)です。

演出や映像の質の点でも「丁寧さと粗さの差」が際立った。民主党CMでは、「不安を感じているあなた」という冒頭の呼びかけに答えるように工員、OL、学生、お母さんがこちらをふりかえる。だから「国民の生活が第一」であって、そのために「まずは政権交代」という論理が伝わる。一方、自民党CMには麻生氏しか登場しないので誰かを振り向かせるような演出のしようがない。しかも麻生総理のバックの画像は後から合成、いわゆる「はめこみ」に見える。「日本を考える夏にしてください。」という文言は、自民党の

2009年8月の総選挙を時間で比較すると、民主党のCMは自民党のCMの1.48倍放映された。

TBSが民主党CMのシェアトップ。TBSだけで民主党CMの33.9%を放映。

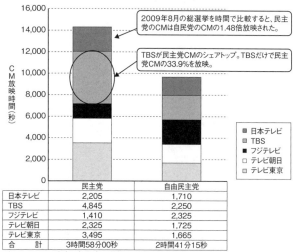

## 2009年8月分 東京地区放映テレビCM「政党」編
## 政党別のCM放映時間日次推移

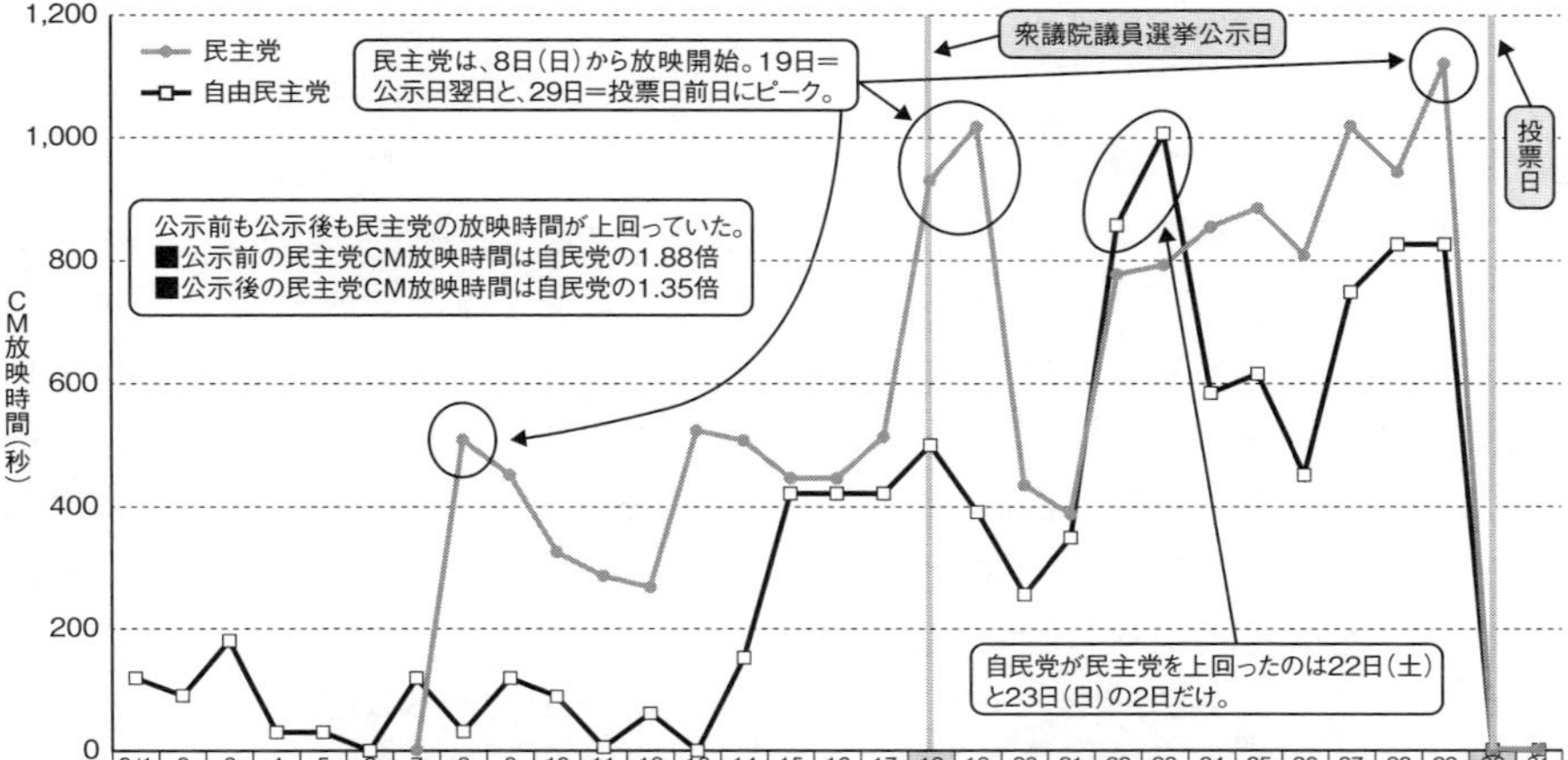


| | 8/1 | 2 | 3 | 4 | 5 | 6 | 7 | 8 | 9 | 10 | 11 | 12 | 13 | 14 | 15 | 16 | 17 | 18 | 19 | 20 | 21 | 22 | 23 | 24 | 25 | 26 | 27 | 28 | 29 | 30 | 31 |
|---|---|---|---|---|---|---|---|---|---|---|---|---|---|---|---|---|---|---|---|---|---|---|---|---|---|---|---|---|---|---|---|
| 民主党 | 0 | 0 | 0 | 0 | 0 | 0 | 0 | 510 | 450 | 330 | 285 | 270 | 525 | 510 | 450 | 450 | 510 | 930 | 1020 | 435 | 390 | 780 | 795 | 855 | 885 | 810 | 1020 | 945 | 1125 | 0 | 0 |
| 自由民主党 | 120 | 90 | 180 | 30 | 30 | 0 | 120 | 30 | 120 | 90 | 0 | 60 | 0 | 150 | 420 | 420 | 420 | 495 | 390 | 255 | 345 | 855 | 1005 | 585 | 615 | 450 | 750 | 825 | 825 | 0 | 0 |

※表内の数値はCM放映時間(秒)です。

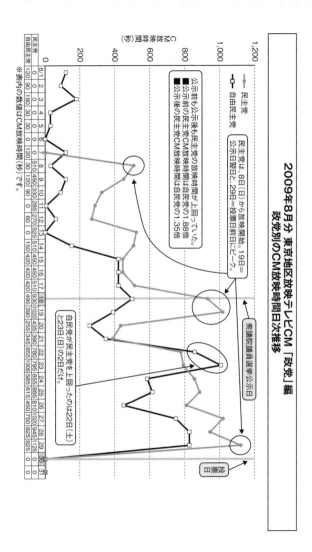

立場からはもっともかもしれないが、有権者側からすれば「大きなお世話」「上から目線」と受け止められかねなかったろう。

8月のCM露出量でも、民主党と自民党では大きな差が出た。CMすべてを足していくと、8月の1ヵ月で、民主党が打ったCMの通算時間は3時間58分00秒、それに対して自民党は2時間41分15秒となった。CMは、1本の長さが普通の枠で15〜30秒だから、本数に換算すると、この差はかなり大きい。毎日の総露出秒数を比べていくと、自民党が民主党を上回った日はわずか2日しかない。一貫して民主党が自民党よりCM放映量が多い。

1ヵ月のCM放映量のトレンドを見ても、民主党は公示日10日前、公示日翌日、投票日前日に3回のピークがある。それも1回目より2回目、2回目よりも3回目のピークが高い。まるで高度順化をくりかえしながらヒマラヤの頂上に迫るような勢いだ。それと比べると自民党の放映量トレンドにはあまりメリハリがない。前述したように選挙中日の週末2日間、民主党を上回っただけだ。

ただでさえ政治報道が芸能ニュースに抑えられていた1ヵ月間、政党CMの差は、選挙結果に少なからぬ影響を与えたはずである。

## 戦略的CMを投入した民主党

どの時間帯にどのＣＭを多く流したかを分析した結果もある。１日を2時間ごとに12区分し、１日のなかでどこにＣＭ放映の厚みがあるのかを分析するわけだ。見えてくるのは、民主党は昼間の時間帯を中心にＣＭを投入したという事実だ。それに対して自民党は夜。この選択の違いも両者の明暗に影響したとも考えられる。つまり、「昼」に流すＣＭのターゲットは主婦や、おじいちゃん・おばあちゃんといった層が中心となる。民主党は、そういう人たちを訴求対象としてＣＭを制作しただけでなく、放映時間も考慮していたということになる。

それに対して自民党はどうか。たしかに従来の選挙戦では、政党ＣＭは「夜が効く」というのが定説であった。仕事が終わったお父さんが家に帰ってきてテレビを見る、あるいは夏ということもあって、おじいちゃんが晩酌をやりながら野球を見る——そんな従来の、やや古い視聴イメージを設定していたのではないか。

ＣＭ放映量を曜日という観点から見ても違いがある。一般的にどの政党もみんな週末に厚めにＣＭを投入するという点は同じだ。しかし、この夏の民主党と自民党を比べてみると、どちらかというと、民主党は平日に厚いパターン。自民党は週末に厚いパターン。こういう差も生じていた。この点も先に見た時間帯別の露出パターンと同様、平日に放映を厚くした方が、このとき民主党が狙っていた層にメッセージがより伝わりやすい——と

**2009年8月分 東京地区放映テレビCM「政党」編
政党別の時間帯別CM放映時間比較(%)**

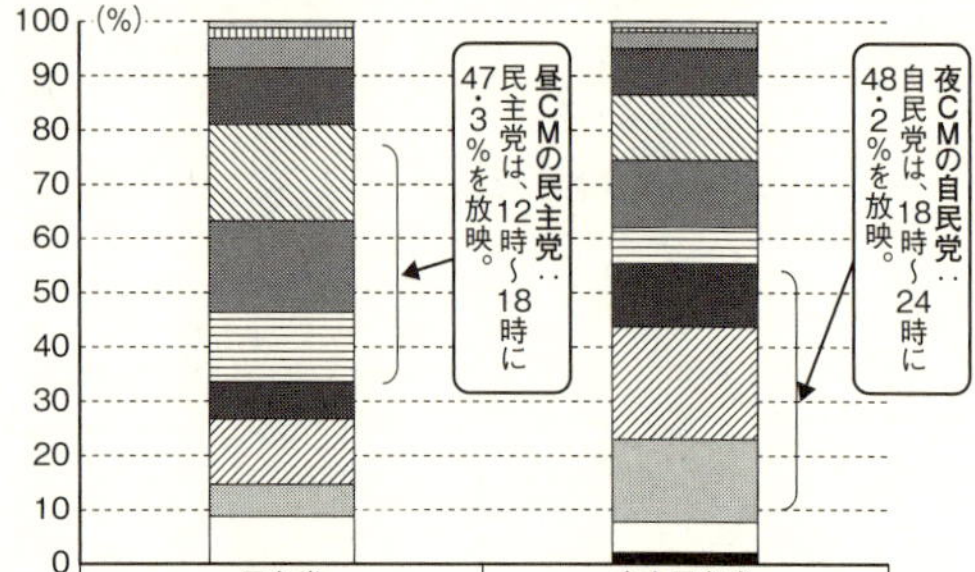


| | 民主党 | 自由民主党 |
|---|---|---|
| 04:00～06:00 | 0.63% | 0.62% |
| 06:00～08:00 | 2.10% | 0.78% |
| 08:00～10:00 | 5.36% | 3.26% |
| 10:00～12:00 | 11.03% | 8.99% |
| 12:00～14:00 | 17.33% | 11.78% |
| 14:00～16:00 | 17.02% | 12.40% |
| 16:00～18:00 | 12.92% | 6.51% |
| 18:00～20:00 | 6.72% | 11.78% |
| 20:00～22:00 | 12.50% | 20.62% |
| 22:00～00:00 | 5.78% | 15.81% |
| 00:00～02:00 | 8.51% | 5.89% |
| 02:00～04:00 | 0.11% | 1.55% |

※表内の数値は各分野分類の全CM放映時間における個別の割合です。
※小数点第3位以下を四捨五入しています。

いう判断の結果かもしれない。

　このように当時の状況を推定していったらキリが無いのだが、重要なのは「テレビの報道やCMを分析していくだけで、おびただしい事実が見えてくる」ということだ。一般の人がテレビを見ていて「最近流行ってるなあ。よく見るなあ」などと漠然と感じること。その感覚を定性的・定量的に分析してみると、これだけのことが事実として

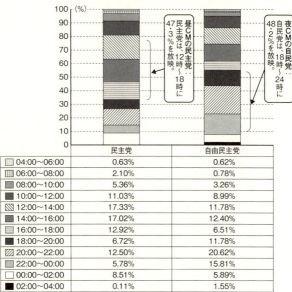

浮かび上がってくるわけである。

テレビとネットのデータを組み合わせると、さらに深い分析ができる。ある「事象」がテレビに露出したことが、どのように人びとの興味を引いていったかを調べることができるのである。この選挙で、自民党、民主党、それぞれのCMで訴えたキーワード「麻生太郎＋責任力」、「鳩山由紀夫＋政権交代」は、どのように人びとに響いたのだろうか。

まず、これらのキーワードを含む8月中のテレビ報道の時間を集計し、一方で、ネットでの「検索回数」と「ブログ・掲示板への書き込み回数」の増減具合を集計しておく。そのうえで、テレビ露出量一単位あたりのネット検索数の増減具合を「検索喚起指数」、同ブログ・掲示板への書き込み回数の増減具合を「話題喚起指数」として計算する。

この計算の結果は、２００９年総選挙での自民党と民主党の情報インパクト力の差として明確に表れた。検索喚起指数では自民党０・０５９に対して民主党０・０７９。話題喚起指数では自民党０・９６４に対して民主党は９・６５９。話題喚起指数では、民主党は自民党の10倍の「値」となった。

検索喚起指数は「興味」を反映する値。話題喚起指数は、情報発信という「行動」を反映する値である。自民党と民主党は興味を引いたという点ではそれほど差が開かなかったが、行動を促したという点では、圧倒的に民主党が勝った。

「CMのインパクト力」調査の内容

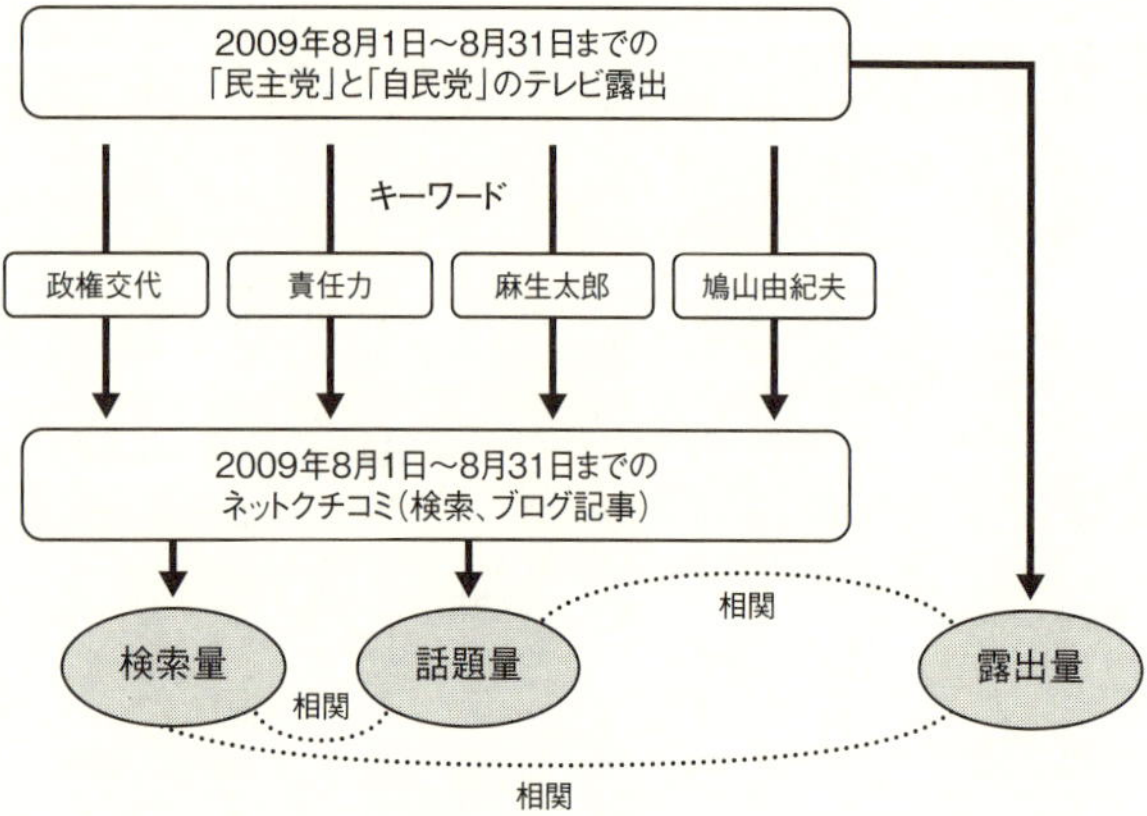


2009年総選挙における
民主党と自民党の情報力ポジショニングマップ

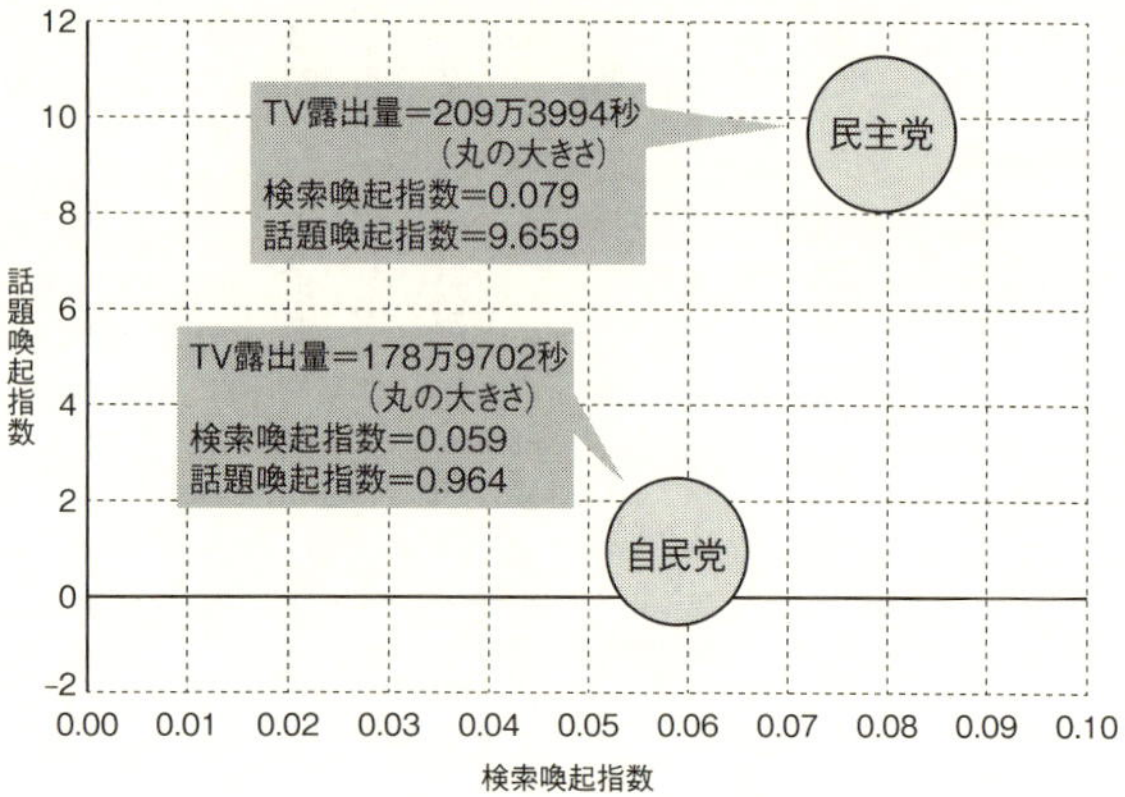

## 情報分析会議がスタート

「世界一になる理由は何があるんでしょうか。2位じゃダメなんでしょうか？」

モニターから、相手を一刀両断するかのような、蓮舫《れんほう》議員の威勢のよい声が聞こえる。民主党政権発足直後におこなわれた「事業仕分け」でのワンシーンである。まさに当時の民主党の勢いを象徴するかのようなこの場面はテレビで何度も流された。そしてそのシーンを自民党本部にある会議室で、私たちは浮かない顔で眺めていた。

茂木報道局長、平井報道局次長、同じく報道局次長の世耕弘成《せこうひろしげ》の3氏と私を含む複数のメンバーで「情報分析会議」の第1回が開かれたのは2009年11月27日のことだ。

野党に転落してから約3ヵ月。自民党議員がテレビに出る機会は激減し、一方的に好きなように批判され、野に下る厳しさを身に染みて感じていた。そんななか、茂木氏のオファーを正式に受けた私は、まずは現状分析から始めようと、週1回の会議をスタートさせることにしたのだった。

茂木氏の考え方は最初からはっきりしていた。

「新聞ではなく、テレビを（中心とした分析を）やる」

茂木氏のリクエストは2点あった。ひとつは「テレビ報道のなかで政治がどのように扱われているか知りたい」。もうひとつは「政治報道のなかで自民党がどう扱われているか知りたい」というもの。まず、自民党の情報世界での現在位置から探ろうということだ。クチコミ@総選挙の分析結果に照らしてじつに的確な選択だった。

要請に応えるため、私は週単位の「政治TV報道調査リポート」を設計した。「月曜から日曜のテレビ報道について分析し、翌週の木曜朝に報告書を納品する」「トップ1ページを総合報告欄とし、そこだけで全体像が過不足なく概観できるようにする」「必要に応じて深掘りできるように詳細分析データを添付する」といった内容だった。その基礎となるのは、1週間分のテレビのメタデータから報道成分を抽出し、さらに「政治報道」と「政治以外の報道」に分け、もう一段踏み込んで「政治のなかでも自民党にかかわる成分」と「自民党以外の成分」に分解する——という作業である。この作業のそれぞれの段階で露出度を計測し、露出トレンドを洗い出す。その結果、「自民党」「民主党」というキーワードがそれぞれ何回露出したか、放送局別に切り分けたらどのようになっているか、朝の報道と夜の報道で違いはあるのか——といった事実が見えてくる。

文章で表現するとスマートに思えるかもしれない、しかし実際の作業は苛酷だ。1週間のテレビ報道の量は150時間程度ある。この量を週に40時間働くスタッフが「見る」としたら、始業から終業まで毎日ひたすら画面を見続けたとして4人必要だ。「報道全体」

↓「政治報道」↓「自民・民主関連報道」と絞り込みが進むにつれて単純作業は減っていくが、その一方で詳細な分析のために作業の難易度は反比例的に上がっていく。しかも、1週間分のメタデータが整ったあとではじめて総合的に評価できるデータがほとんどなので、分析作業は月曜から水曜の3日間に集中する。その間、すでに翌週分のメタデータを生成したり整理したりする作業が並行して始まっている。手戻りしている時間はないのだ。

私は、報告書の定型スタイルを設計し、作業を極力ルーティーン化できるような手順やツールを準備し、最小限でかつ冗長度も保てるようなスタッフの配置とローテーションを考案し、ミスが起こりにくいマニュアルを作成して臨んだ。

定型報告書はA4判で10ページを基本とした。一回の報告書を完成させるには50種類以上の基礎データファイルや集計ファイルを必要とした。捨てたファイルを含めると100種類以上のデータファイルを生成したはずだ。第1回の報告書の基礎データファイルのタイムスタンプは11月24日の15:13から始まって11月27日11:19まで夜中も早朝も切れ目なく続いていた。11月23日が国民の祝日で思うように人を動かせなかったことも災いして、ほぼ2日の徹夜を要したわけだ。

手元に残っている2009年の手帳には「11月27日12:30自民党会議」とある。第1回

## 最初の情報分析リポートのトップページ

### 政治TV報道調査リポート　2009 年11 月16 日（月）～22 日（日）のポイント

■政治関連報道とその他の報道はバランスよく行われている

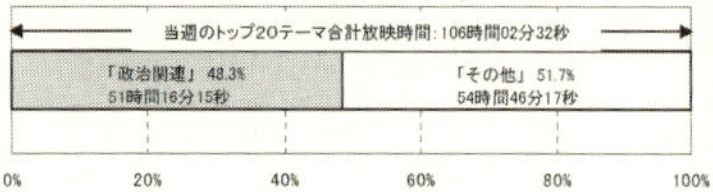


■政治関連報道に占める「自民党中心報道」は5%

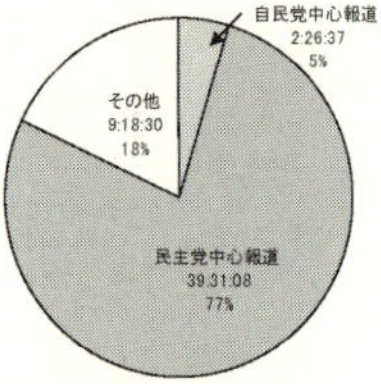


■政治関連報道4割弱は「事業仕分け」テーマに集中

| 順位 | テーマ | 放映時間 | 放映割合 |
|---|---|---|---|
| 1位 | 予算編成・事業仕分け | 18:38:37 | 36.4% |
| 2位 | 米国・オバマ大統領・アジア歴訪 | 5:29:53 | 10.7% |
| 3位 | 米軍普天間基地再編問題 | 4:52:53 | 9.5% |
| 4位 | 中小企業金融円滑化法案・強行採 | 3:23:47 | 6.6% |
| 5位 | 国会・与野党対立 | 2:50:04 | 5.5% |
| 6位 | 政府・デフレ認定 | 2:13:26 | 4.3% |
| 7位 | 官房機密費・支出公表 | 2:02:49 | 4.0% |
| 8位 | 自民党・小泉進次郎氏・国会論戦デビュー | 1:56:19 | 3.8% |
| 9位 | 日本航空再建問題 | 1:48:29 | 3.5% |
| 10位 | 北朝鮮問題 | 1:16:40 | 2.5% |
| 11位 | 独立行政法人・問題相次ぎ発覚 | 1:13:48 | 2.4% |
| 12位 | 日米核密約問題 | 0:45:58 | 1.5% |
| 13位 | 直嶋正行経済産業大臣・GDPフライ | 0:44:00 | 1.4% |
| 14位 | 地方分権に向けた動き | 0:41:24 | 1.3% |
| 15位 | 国民新党・新党結成の動き | 0:40:22 | 1.3% |
| 16位 | 税制改正議論 | 0:36:41 | 1.2% |
| 17位 | 田英夫氏・死去 | 0:33:09 | 1.1% |
| 18位 | 追加経済対策・エコポイントなど延長 | 0:31:36 | 1.0% |
| 19位 | 自民党・再生に向けた動き | 0:30:18 | 1.0% |
| 20位 | 子ども手当・所得制限巡り議論 | 0:26:02 | 0.8% |
| | 総計 | 51:16:15 | 100.0% |

■赤のキーワードが「民主党ネガティブ」 青が「自民党ポジティブ」

| ワード | 出現数 | ワード | 出現数 |
|---|---|---|---|
| 事業仕分 | 286 | GDP | 32 |
| 行政刷新会議 | 254 | 与野党対立続 | 31 |
| 大統領 | 134 | エコポイント | 30 |
| オバマ | 124 | 鳩山由紀夫首相 | 30 |
| 米国 | 123 | 子ども | 29 |
| 沖縄県米軍普天間基地移設問題 | 97 | 手当 | 29 |
| 自民党 | 75 | 中小企業等金融円滑化法案 | 26 |
| 岡田克也外務大臣 | 69 | 米韓首脳会談 | 26 |
| 中小企業金融円滑化法案 | 66 | マニフェスト | 25 |
| 沖縄訪問 | 54 | 中国 | 25 |
| 衆議院通過 | 51 | 藤井裕久財務大臣 | 25 |
| デフレ | 50 | 所得制限検討 | 24 |
| 衆議院内閣委員会 | 48 | 中国訪問 | 24 |
| 米中首脳会談 | 48 | 平野博文官房長官 | 24 |
| デビュー | 43 | 衆議院財務金融委員会 | 23 |
| 国会論戦 | 43 | 天下 | 23 |
| 小泉進次郎議員 | 40 | APEC | 22 |
| 前半終了 | 37 | 国民新党 | 22 |
| 日米閣僚級作業部会初会合 | 37 | 官房機密費 | 21 |
| 国会 | 36 | 田英夫氏 | 21 |
| 日本航空経営再建問題 | 36 | 天皇皇后両陛下 | 20 |
| 民主党 | 33 | | |

報道ヘッドラインに20回以上出現したワードをランキング

■当週の報道分析

●週のはじめからインターネット中継もなされた「事業仕分け」にニュース報道の注目が集まった。このテーマだけで政治関連トップ20報道の36%超。これに続く「オバマ大統領のアジア歴訪」と合わせると、政治関連トップ20報道の5割弱を占める。
●一方、その他（政治以外）のテーマでは「韓国釜山市・室内射撃場火災」が大きく取り上げられたが露出時間では事業仕分け報道の3分の2程度。当週は、政治関連報道とその他の報道のバランスは取れている。
●政治関連報道については、「事業仕分け」に大きく偏ったために、それ以外の政治関連テーマの露出が、それぞれ小粒になった。そうした中で、「自民党・小泉進次郎議員の国会論戦デビュー」が第8位にランクインした点が注目できる。「政治」と「その他」の境界をまたぐテーマだったためワイドショー的ニュース番組でも扱いやすい素材として取り上げられたためであろう。
●民主党の鳩山由紀夫首相ほかは人名でもキーワードランク上位にいる。一方、谷垣自民総裁は、残念ながらランク上位には見当たらない。「自転車で怪我」のニュースは、テーマ24位、露出時間17分57秒。
●党としての自民党にスポットが当たったテーマは19位の「自民党・再生に向けた動き」。だが露出量は30分18秒と多くはない。
★当然のことながら、政治関連トップ20報道において、中心的な役者は、政権党である民主党に偏る。ほとんどのテーマ、キーワードに関してatukaiha「ナリチュウ（成り行きが注目される）」的ポジティブ。一部、ネガティブ的評価が織り交ぜられているキーワードは左表に上げた通り。
★トップ20ランク外に「民主党ネガティブ」テーマが存在する。「八ッ場ダム建設問題」「鳩山政権・雇用対策検証」「小沢幹事長・政治とカネ問題」「郵政改革関連」「羽田空港・国際化関連」「鳩山首相・不正献金問題」「国営諫早湾干拓事業」「財務省・農水省・戸別所得補償制度めぐり対立」などである。だが、これらのテーマの露出は現状数分台。露出度を上げることができれば、民主党ネガティブテーマ、キーワードが増大する。

の報告書はその1時間前にギリギリで仕上がった。

報告サイクルは毎週、締め切りは木曜、という縛りには切実な理由があった。野党となった自民党が党として唯一情報を発信できるのは、総裁の定例記者会見くらいのものだった。定例記者会見は自民党本部にある「平河クラブ」という記者クラブで毎週木曜日午後4時におこなわれていた。露出が激減した自民党にとってはメッセージを送り出す貴重な機会だ。記者はいま何に興味がありどんな質問が出てくるか、こちらから押し出すべきメッセージは何か、報道局長として茂木氏が総裁をサポートするため、直前に新鮮な情報を仕入れる必要があったのだ。私のチームの「徹夜作業」は当分続くことになった。

## 「自民党の露出度はゼロです」

一方、民主党政権は発足直後から、迷走が始まっていた。そのさきがけともいえるのが「八ッ場《やんば》ダム建設」をめぐる一連の問題だろう。9月17日に前原誠司《まえはらせいじ》国土交通大臣が、就任記者会見でいきなり「八ッ場ダム建設計画を中止する」と発表。まさに衆院選で民主党が掲げた「コンクリートから人へ」の象徴でもあったが、衆院選で民主党は八ッ場ダムのある群馬5区に候補すら立てていなかったこともあり、関係する自治体・地元の人びとは怒りと困惑で大混乱となった。

つづいて、日本航空の経営危機も民主党の舵取りに人びとの不信を招くことになった。同じく前原大臣が9月の就任早々に要請したJAL再生タスクフォースによって、日本航空の内部調査が進められたものの「どうするのか」は一向に定まらない。処理は政府と金融機関が出資する企業再生支援機構に引き継がれたが、日本航空は、結局、2010年1月には会社更生法の適用を申請して、事実上倒産した。「更生」のために政府資金が大量投入されることになった。この間、日本航空の株は乱高下をくりかえし、しかも最終的には国民の税金がつぎ込まれる決着方法となったことに、世論には強い反感と不信感が生まれた。

ただしこんなことが続いていても民主党は強かった。内閣支持率は発足当初に比べれば下がっていたが高い水準を維持し、テレビ露出では自民党を圧倒していた。そこに拍車をかけるように始まったのが、蓮舫氏が大いに名前を売った「事業仕分け」だった。

情報分析会議の初回、自民党本部の会議室で見ていたのは、11月22日日曜日に放送された「サンデープロジェクト」（テレビ朝日）の録画映像だった。「事業仕分け」は、初回の報告書で集計した政治関連報道51時間16分15秒の36・4%（18時間38分37秒）を占めるメガ・トピックだった。番組には、仕分け作業のまとめ役「枝野幸男《えだのゆきお》」、仕分け人「蓮舫」が並んで登場。冒頭、司会の田原総一朗《たはらそういちろう》氏が「いまの民主党ってめちゃくちゃなんだよ。普天間を県外と言って（るけれども）たぶんやらない。官僚の天下りは根絶と言っておいてミスター大蔵省を引き込む。やってることはめちゃくちゃ。なのに支持率が下がらないのは事業仕分けのおかげ。国民が〝これはいい〟と思ってるから。今日はこの事業仕分けをまっこうからドーンとやりたい」との発言から始まった。与党になったらお約束の「目玉政策を斬る」つくりの番組だ。

茂木、平井、世耕の3氏とも苦い顔をして画面を見つめていた。枝野、蓮舫両氏は「ドーンとやりたい」と言われても余裕の表情に見えた。事業仕分けの映像クリップのなかで声高に「質問に答えてください」と迫る蓮舫氏と、答えに詰まる回答者のやりとりは、〝圧迫面接〟にしか見えない。「こんなんで……人気あるんだからなあ」と茂木氏がぼやいた。「まったくひどいもんですよ」と世耕氏が受けた。

しかしぼやき合うのが会議の目的ではない。報道分析の狙いは、いま、政権を取った民主党がどのように露出し、どのように扱われているのか、一方、敗《ま》けた自民党はどのように扱われているのか——現状を客観的に感情抜きに認識すること、まずはそこからだった。なによりも明白なのは、番組のどこにも自民党議員のコメントすら取り上げられていないことだった。永田町の自民党本部の会議室の片隅でどれほどぼやいても、その声はどこにも響かない。

「このサンデープロジェクトでは、自民党の露出度はゼロです」。私はそこから報告しはじめた。

**悪名は無名に勝る**

年が替わっても自民党のテレビ露出度は上がらなかった。この間、鳩山首相が母親から毎月1500万円の小遣いを貰いながら贈与税を納めていなかった「違法子ども手当」問題や、偽名による違法献金問題、小沢一郎共同代表の不動産購入資金疑惑など、続々と民主党に関するネガティブ要素が浮上していたのにもかかわらず——である。

2010年1月11日から1月17日の区間の政治TV報道調査報告書では、自民党のテレビでの露出度は政治報道全体の2・9%まで落ち込んだ。円グラフで表現すると、自民党は見えないほど薄いパイになっていた。茂木氏は、こうした衝撃的な数字も自民党役員会では報告していたようだ。

「俺たちは、発言権を奪われたも同然だよなぁ」

自民党の面々が味わう敗北感と挫折感。もちろん、落選経験のある議員も多く、個々はタフな人物ばかりだ。しかし、直近まで総理大臣を務めた人も含めて、今は全員単なる野党議員であり、どんなに前向きな発言をしても報道されるどころか、注目さえ集めない。

**「自民党中心報道」は2.9%まで落ち込んだ。**
**一方「民主ネガ」は6割を超えた。**

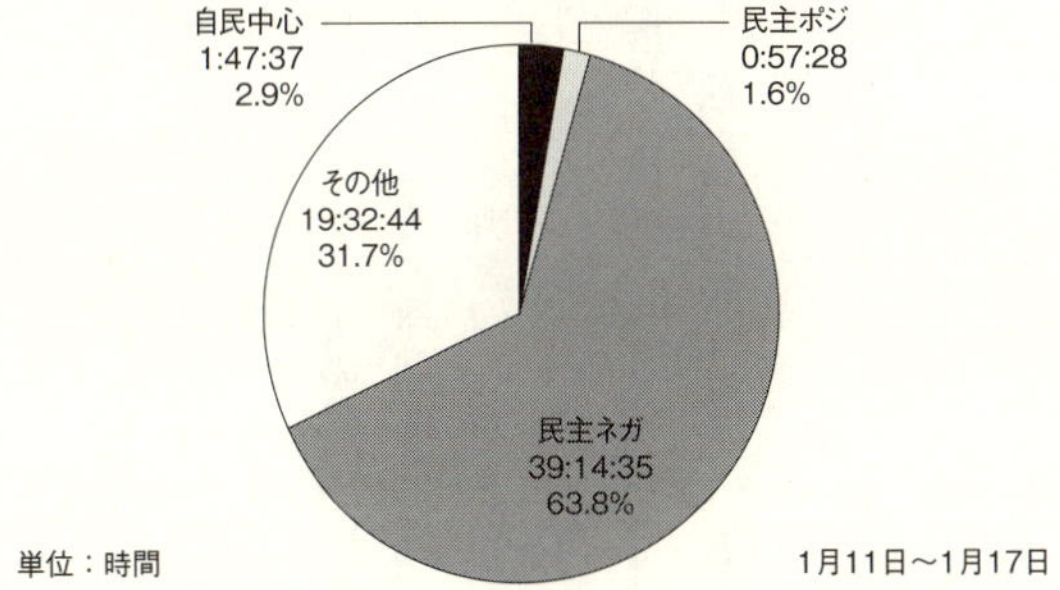


では、どうすればよいのか。そのヒントは民主党がくれた。報告書の円グラフをあらためて眺めると、政治関連報道に占める民主党関連報道の割合は65・4%にも達していた。ただし、そのなかをさらに「民主党にとってポジティブな報道成分」と「ネガティブな報道成分」に分けると、ポジティブは、65・4%のうちわずか1・6ポイント分に過ぎず、残りの63・8ポイントはネガティブ成分であることが一目で読み取れる。つまり民主党関連報道の97・6%は「ネガティブ報道」なのである。

この点を指摘すると平井氏がうめくようにつぶやいた。

「悪名は無名に勝るっちゅうけど、まさにこういうことだよな」

私はすかさずこう発言した。

「『相手の悪名に寄りかかって、相手のダメな点を徹底的に追及する』ことがもっとも効果的な露出向上策と思います」

この時期、民主党が圧倒的な報道露出を得ていた理由は、良い面でも悪い面でも「民主党の一挙一動に視聴者が関心を持っている」とテレビの報道番組制作者が判断していたからだ。この判断にしたがって、「民主党政権vs.視聴者＝国民」の構図にハマる番組がどんどん作られていく。その構図のなかに自民党の居場所はない。2009年11月のサンデープロジェクトはその典型だった。

「だから、居場所を作ろうと思ったら、民主党vs.国民という構図のなかに飛び込んでいくしかありません。民主党のネガティブ露出が大きいならそれに寄りかかっていきましょう。とにかく投げられるものはなんでも投げて民主党に絡んでいくことが最大の露出向上策です」。私は、内心「怒られるか」と首をすくめながらそういうことを説明した。

「怒られるか」と思ったのは、まず「相手のダメを徹底的に突く」というやり方は、伝統的かつ典型的な野党の戦法であって、自民党が長年「万年野党」と見下してきた戦法であること。したがって、この戦法をとること自体が、ただでさえ弱っている自民党にさらに「野党になったらやっぱりこうなのか」という悪評を上塗りするリスクがあること。そしてこんな助言は「聞かなくてもわかってる！」ことだったろうからだ。

ところが、茂木氏は受けた。

「3%というのは危機的な状況だ。とにかく露出度を上げたい。『悪名は無名に勝る』に伸《の》るかそるかだ」

相手の弱点をあげつらうのは褒められた戦略ではない、フェアではない、そう感じる読者もおられるかもしれない。しかし、相手の弱点を攻めるのは兵法上の鉄則でもある。「ネガティブ・キャンペーン」という言い方をよくするが、野党の側からしてみれば、それ以外に露出チャンスを得られる機会がきわめて少ないという非情な現実がある。

## バンクーバー冬季オリンピックを隠れ蓑に

2010年1月のテレビ政治報道の主役は小沢一郎幹事長だった。民主党が野党だった時代から小沢氏がずっと引きずっている「政治とカネ」の問題にいよいよ検察の事情聴取が入り、政治スキャンダルの大ネタとなっていた。1月4日から1月10日の区間では政治関連報道の12・3%を占め2位、翌週1位（54・1%、同11日から17日）、翌々週も1位（48・5%、同18日から24日）。

報道量に占めるあるトピックの割合（報道占有率という）が50%を超えるのは「大爆発」と言える。このような状態では、政治関連の情報としてテレビから人びとに伝わるのは

**自民党は民主党の悪名に寄り添いながら露出を伸ばした**

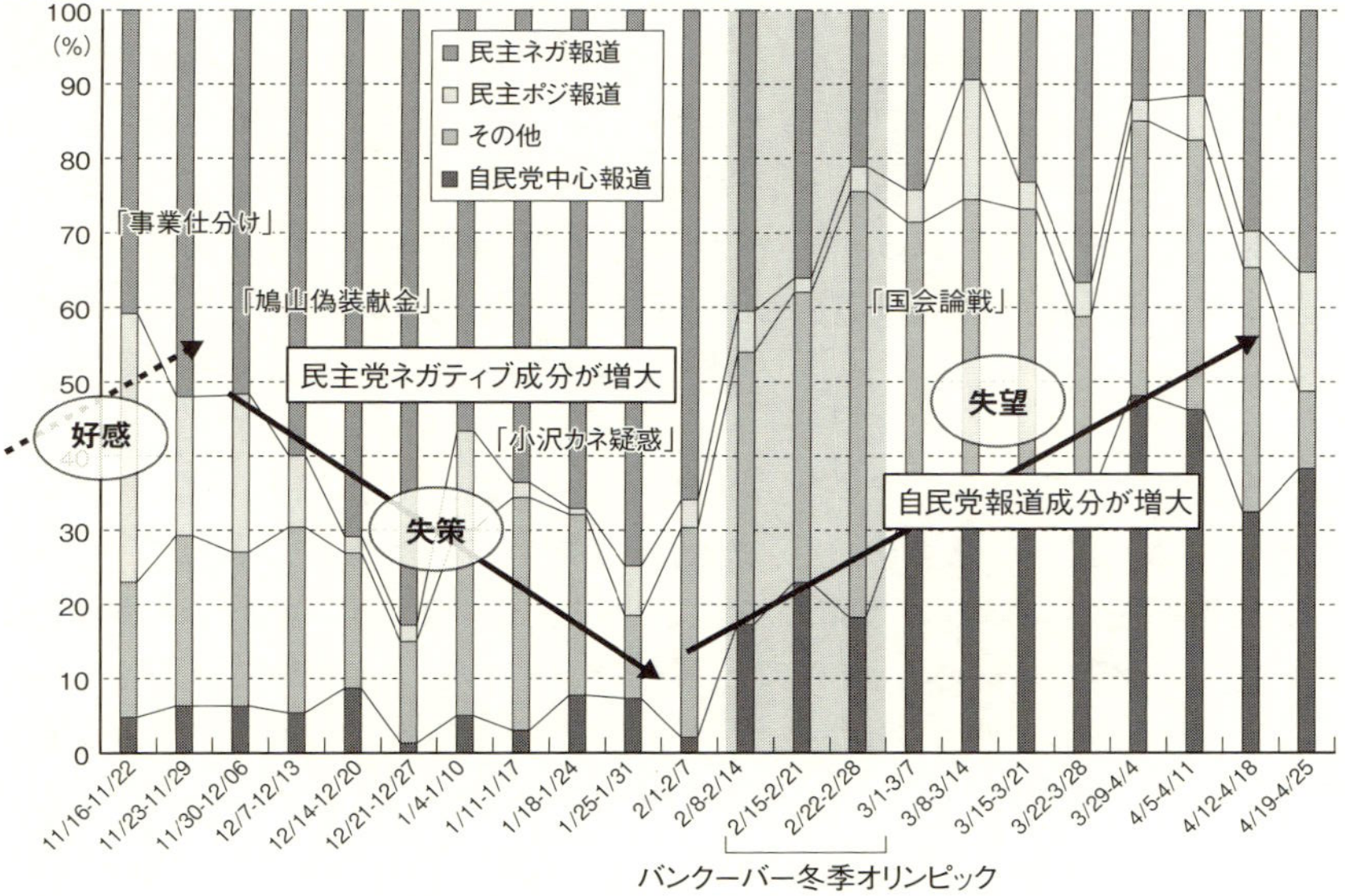

「小沢とカネ」のことだけで、ほかはほとんど印象に残らない。

1月18日からは通常国会が始まったため、1月18日から24日の週には「通常国会・政治とカネの問題で与野党論戦」というトピックが第2位（20・5％）につけている。このトピックには小沢問題に加えて鳩山総理の「偽装献金」や「違法子ども手当」の問題も含まれている。つまり、1位と2位合わせてテレビ政治報道の8割弱を「政治とカネ」問題が占めたことになった。

自民党はもちろんそこに食いついた。我々の情報分析がなかったとしても、これだけの情報爆発があれば当然「政治とカネ」に食いついただろうが、分析によって「テレビ報道の主役＝世の中の関心事」について数字の裏付けを持っていたことで「悪名は無名に勝るに寄り添う戦術」を確信を持ってスタートさせることができたはずだ。

案の定、国会開会時期に「政治とカネで徹底論戦する」という姿勢を示しただけで自民党のテレビ報道露出度は、7％超の水準まで上がったのである。

しかもここで自民党には「情報世界の追い風」が吹いた。バンクーバー冬季オリンピックである。同オリンピックは2月12日から2月28日までの開催。テレビ報道は開幕前から始まり、閉幕後も活躍した選手の振り返り報道などがあるので、2月上旬から3月上旬までの1ヵ月強のあいだ、テレビはオリンピックだらけになった。

小沢一郎氏のカネの出所にどれほど疑惑があろうと、鳩山由紀夫氏が贈与税も支払わずに非常識な小遣いをもらっていようと、浅田真央《あさだまお》や高橋大輔《たかはしだいすけ》のフィギュアスケートや葛西《かさい》紀明《のりあき》のスキージャンプ、アイドル的人気を博した女子カーリングなどには「興味の大きさ」の点で到底かなわないのである。

2009年11月の事業仕分けから2010年1月18日の国会開会まで、テレビ総報道量の5割を下回ることは一度もなかった政治報道は、1月25日から3月7日のあいだ、1週も5割を超えることはなかった。バンクーバー冬季オリンピックが佳境となった2月15日から2月21日の週の政治報道は、総報道量の19・7％まで下がった。

この間、通常国会ではもちろん論戦が火花を散らしていた。自民党は政治とカネの問題で毎日、ネチネチと民主党に質問をぶつけていた。

普通なら、こういう場面はテレビ報道の恰好の材料になる。コメンテーターは「不毛な応酬をやめて、もっと国民のために建設的な議論をすべきでしょう」などと判で押したような正論を語る。視聴者は「またこれか。自民党も負けたら（かつての野党と）同じことをするんだな」という印象を固めていく。

これが「悪名は無名に勝るに寄り添う戦術」のリスクだ。鳩山氏や小沢氏も悪名のために倒れていくかもしれないが、自民党も十把一絡げに「永田町はダメ」の烙印を押されて葬られてしまう危険性が生じる。

ところが、バンクーバー冬季オリンピックのおかげで「ネチネチ」の様子はほとんど報道されなかった。政治報道がオリンピックにもっとも押された2月15日から21日の週も、政治関連報道のなかだけ見れば「鳩山首相・子ども手当めぐり発言にブレ」などのトピックが取り上げられているのだが、そもそも政治関連報道が総報道量の2割を切っている状況ではほとんど印象に残らない。この週、鳩山子ども手当のトピックは、全報道量からすれば1％に満たない。よっぽど集中してテレビを見ていない限り「そんなのやってた？」という程度のものだ。

そんな政治報道が「枯れた」状況のなかで、自民党の「悪名は無名に勝るに寄り添う戦術」は確実に奏功していた。政治報道の全体量はオリンピックに押されて極少化していたが、政治報道内部での自民党の露出度は伸びた。政治報道に占める自民党報道の成分は、2月8日の週には17・2％、翌週は22・8％、その翌週は19・4％、と確実に増えたのだ。しかも、野党的なネチネチ感の悪印象をほとんど残すことなく伸ばせたのである。

このときは「オリンピックがあるから国会で暴れても大丈夫」といった意識はなく「幸運」がもたらした結果であった。しかしふりかえってみると、2009年夏ののりピー騒動によって民主党のわかりやすいメッセージが浮かび上がったのも相手の幸運。神様は気

## 2009年11月16日～2010年4月25日までの主なトピックの露出時間の推移（政治関連）

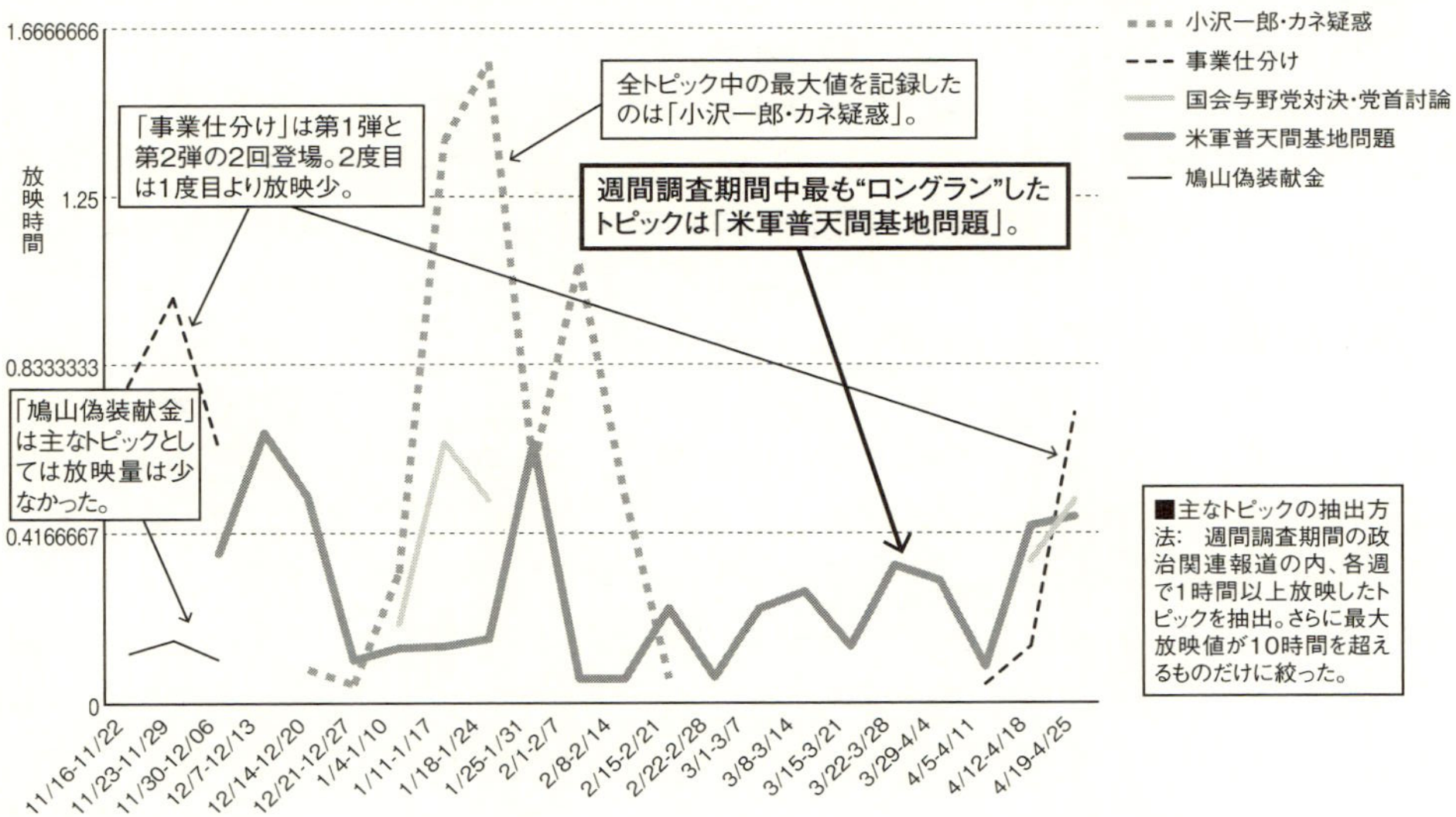


■主なトピックの抽出方法：　週間調査期間の政治関連報道の内、各週で1時間以上放映したトピックを抽出。さらに最大放映値が10時間を超えるものだけに絞った。

まぐれでどちらに味方するかわからない。ただし、のりピー騒動はあらかじめ読めないが、オリンピックは読める。私のチームはこうした経験をしっかり蓄積してその後の情報分析に生かしていった。

## ロングヒットトピック「普天間移設」を狙う

バンクーバー冬季オリンピックが終わるやいなや、政治報道は総報道量の5割を超える水準に回復した。このころ、テレビの報道量の分析で明らかになったのは、普天間基地移設問題の露出の多さだった。これも鳩山氏の「新しい基地は最低でも県外にします」という、いわゆる「県外公約」から問題が泥沼化していた。

情報分析の観点から見た普天間基地問題は、「典型的なロングヒット」のパターンを示していた。

情報の露出パターンには2つのタイプがある。1つめは、最初の露出で大きな反響があったものの、あとが続かず、すぐに消えていく「一発屋」タイプ。露出直後は話題を呼ぶが、数日から1週間もすると忘れてしまうようなトピックである。こうしたトピックについて、縦軸を報道量、横軸を時間とした折れ線グラフを作ると、最初に鋭く高いヤマを描くもののすぐ低くなって消えてしまう——というカーブを描く。

2つめは、最初はあまり目立たなくても徐々にクチコミなどで広がり、やがて「多くの人が知っている」話題になっていくタイプである。朝見たニュースが午前中ずっと気になっていて「そういえば朝さ……」とか「俺、午前中話してたんだけど……」と、ランチ時に話題にのぼる。すると、その隣で「その話、知ってるよ」と思いながら一人で食事している人がいて、その人が会社に帰って職場で「いま昼飯食べててこういうの聞いたんだけど……」と同僚に話す。こういうトピックについてさっきと同じグラフを作ると、鋭く高いヤマはない代わりに、なかなか線は下がらない。

2つのタイプの情報が示すようなグラフの形を、私は「情報の量的構造」と呼んでいる。グラフ線と横軸に挟まれた部分の面積が情報の露出量を表し、グラフ線の浮き沈みの様子が情報の質的性格を表現しているからだ。実際には2つのタイプに明確に分類できるわけではなく、両者の混合型や途中でタイプが変化する生まれ変わり型などいろいろあるのだが、あるトピックがどのような構造を持っているのか当たりをつけることは情報戦略上、たいへん役に立つ。

普天間基地移設問題は、この2つのタイプでは後者に当てはまった。普天間基地移設の問題は、政治的には民主党政権をはるかに遡る以前からの大問題であり、たしかに鳩山氏は公約で「最低でも県外」とうたったものの、高速道路無料化や子ども手当に比べたら一般にはずっとわかりにくい内容である。毎週計測しているテレビ報道量でも、上位には顔を出すけれどもトップにはならないトピックだった。にもかかわらず、集計期間を2ヵ月、3ヵ月と引き延ばして長期の累積報道量を計算すると堂々たる最大露出量を記録していた。これに対して前年の「事業仕分け」や、国会会期中の「政治とカネ」は、鋭いピークで立ち上がり極大値は高いがその後急降下のパターンを示していた。

「問題への関心が枯れにくい（悪名が響き続けている）部分へ食いつくべきです。つまり、普天間です」。「うむ、やはり普天間なのか」。3月下旬ごろ情報分析会議ではそんな会話がなされていた。

「予算委員会で普天間基地移設問題について質問に立った自民党の○○議員は……」「普天間基地移設問題について自民党は追及の手を緩めず……」などと、国会論戦で畳み掛ける自民党議員や党幹部が報道に登場する場面が次第に増えていった。

自民党のテレビ政治報道における露出は3月29日〜4月4日の週には、政治関連のテレビ報道量の48・1％。その翌週は同46・6％と5割に迫った。3ヵ月前のヒトケタ台から大躍進であった。谷垣禎一《たにがきさだかず》総裁はこの状況を瞬時に理解し、木曜日の定例会見で「絶対追及の手は緩めない」と敢然と話し、その姿を映し出される機会も増えていった。

普天間基地移設問題については、年が明けて「2月末まで」「3月末まで」「いや4月末まで」そして「5月の連休明けには」……などと鳩山首相が結論をつぎつぎと先送りにするたびに、問題が再燃した。情報分析の観点からすれば、ロングヒットタイプの普天間移設問題に、鳩山氏が加燃材料を毎月投入しつづけてさらに燃え上がらせてくれたようなものだ。

**雑談にヒント**

情報分析会議ではさまざまな話をした。

例えば、一時一世を風靡した、軍隊式エクササイズの「ビリーズブートキャンプ」。アメリカではブームがとっくに過ぎ去り話題にものぼらなくなったころに、発案者のビリー・ブランクス氏が来日してツアーをおこなったことがある。大きな会場でビリーが1万人の来場者とともにエクササイズをおこなうというイベントが目玉で、1ヵ月に数十億円を稼いだというウワサもあった。このプロモーションの企画者が露出の計画と仕組みを念入りにつくって、集客に結びつけていったことは、テレビの露出量を計測すれば明らかだった。

「商業的には、あらかじめ仕組まれた計画に沿って、人工的に露出量を盛り上げる実践例があります。その仕掛けは、露出具合を分析すれば見えてきます。ほらこのグラフを見れ

「ビリーズブートキャンプ」の累積露出時間の推移

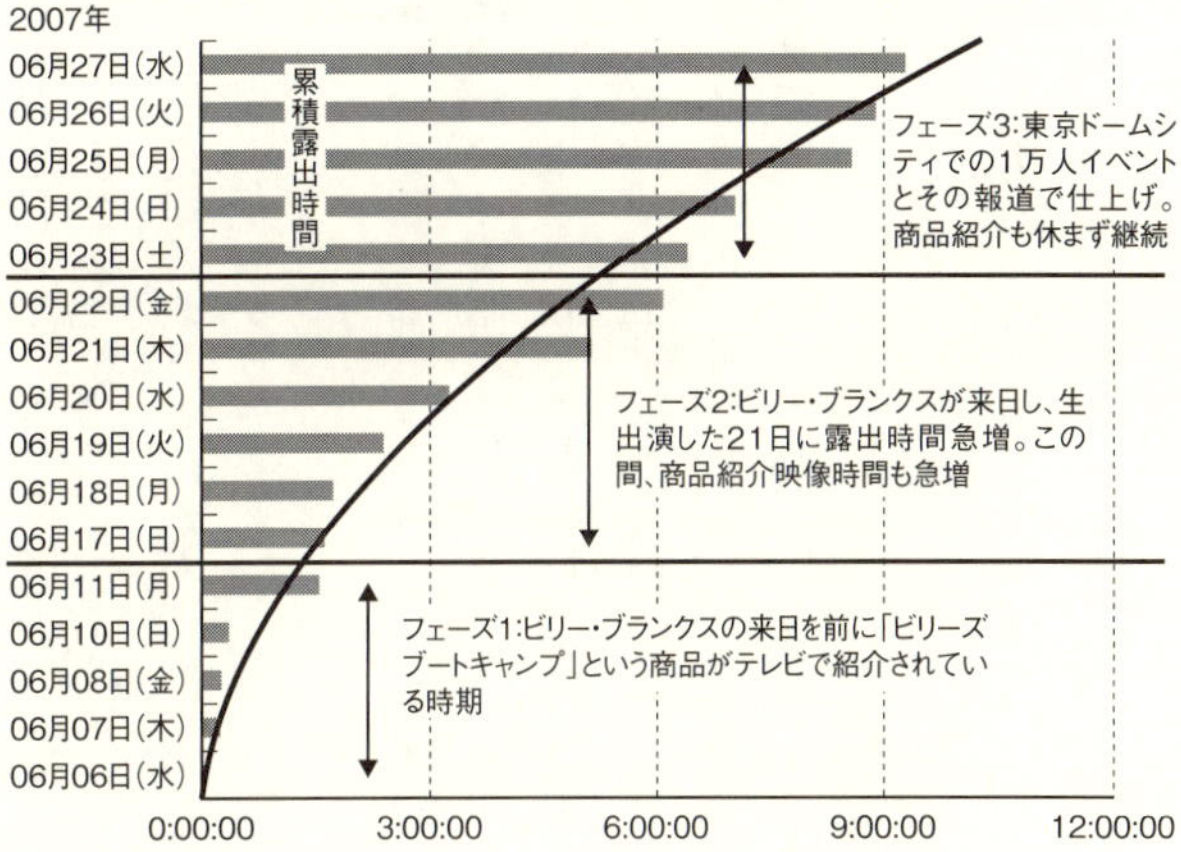


ば、1ヵ月のあいだに3回ピークをつくりながら加速度的に累積露出が増えていくのが一目瞭然でしょう。これをビリーが出演する主なイベントと重ねると、前ふりイベントから本番イベントに至る流れも見えてきます。露出やイベントの規模を分析すれば投資金額も推定できます」といった話をした。

茂木氏や世耕氏、平井氏は、「なるほど面白い」という反応だった。茂木氏は前述したように、マッキンゼー時代の経験からマーケティングについてよく知っていた。世耕氏はＮＴＴ広報出身という経歴から情報への理解度が高い。電通出身の平井氏は、かつて広告・宣伝を仕事としていたし、テレビ局や新聞社を経営する一族で育ったから体感的にわかっている。

こういう話をしても、「おまえは何を関係のない話をしているんだ」という雰囲気にはならなかった。それどころかかえって、「そういうのを政治で、自民党が使うとしたら具体的にどういうやり方があるんだ?」と問われてとっさに答えられず困るような場面が多かった。

情報分析会議では、このような一見雑談に思える会話を毎回のようにしていた。話のタネは国会議論の裏話から政界スキャンダルまであらゆることに及んでいた。そんな話とデータ分析結果を合わせて語り合うから情報分析会議が「役に立つように」なるのである。データを淡々と報告するだけなら「紙か電子ファイルで送ってくれればいい」で済んでしまっていただろう。まったくの雑談で終わることも多かったが、情報の見方や表現の仕方について重大なヒントに結びつくことも少なくなかった。

## 進化する分析リポート

自民党本部内での情報分析会議が20回目を超えた2010年のゴールデンウィーク直前、茂木氏から「会議のやり方を変えたい」という話があった。7月におこなわれる参院選を見据えての発言だった。2009年の自民党大敗以降、はじめての戦いがこの参院選

## 政治TV報道調査の新方式

■参議院議員選挙に向け、TVの政治報道をできる限りタイムリーに簡便に捉え、打ち返しにも役立てる。

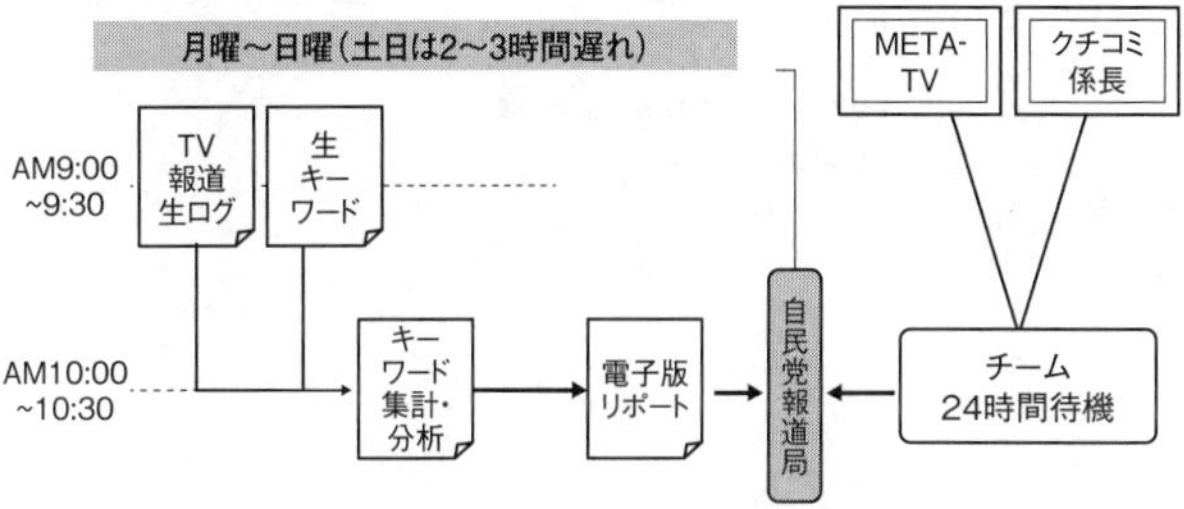


となる。

それまでの会議では、毎週、過去1週間分のテレビのメタデータを題材に、現状と分析結果について議論を進めてきたわけだが、茂木氏の新たなリクエストは、「過去の分析はもういい。これからどうなるのかを見えるようにしてほしい」というものだった。

この時点で自民党のテレビ政治報道の露出量は民主党と肩を並べるところまで回復していた。それに普天間基地移設問題で崖っぷちの鳩山総理の首がいつ落ちるかわからない――という緊迫した政治情勢でもあった。たしかに、次のステージに進むべきタイミングだ。未来が予測できれば、対策や戦略も講じやすくなる。茂木氏の要請が出たのが4月21日、私はその4日後の25日には実現可能なアイディアをまとめた。具体的に言えば、これまでのように週単

**誕生した「政治TV報道調査リポートデイリー」**

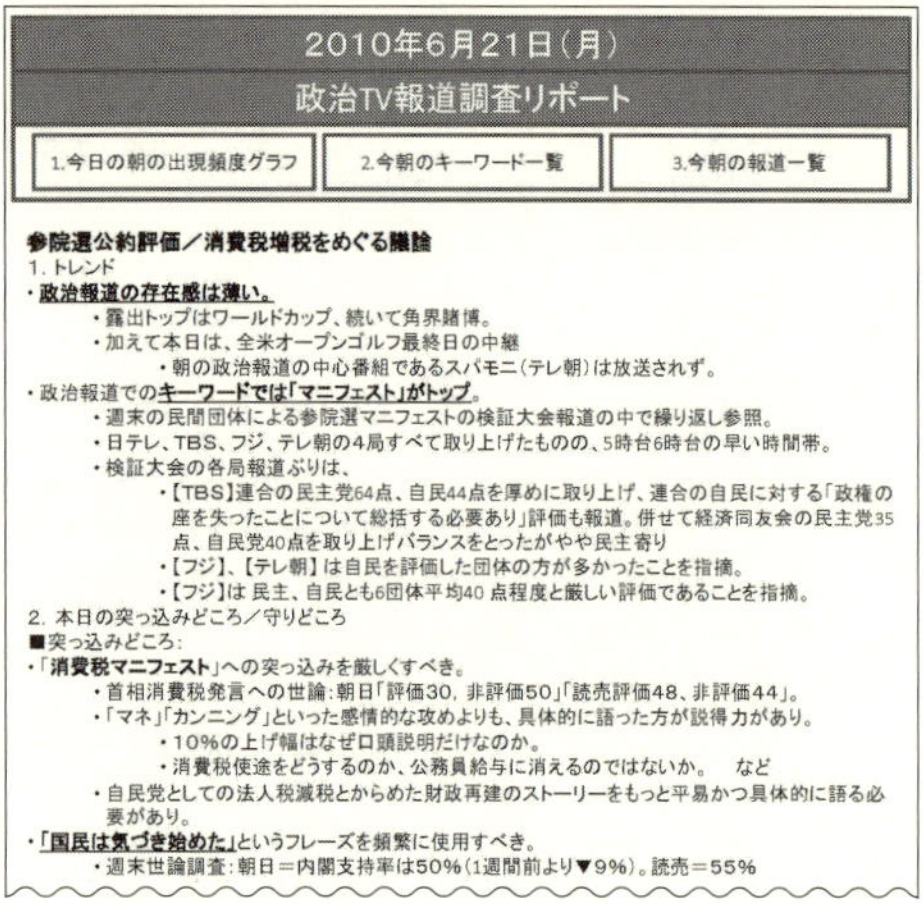
2010年6月21日(月)

政治TV報道調査リポート

1.今日の朝の出現頻度グラフ | 2.今朝のキーワード一覧 | 3.今朝の報道一覧

**参院選公約評価／消費税増税をめぐる議論**

1. トレンド

・**政治報道の存在感は薄い。**
　・露出トップはワールドカップ、続いて角界賭博。
　・加えて本日は、全米オープンゴルフ最終日の中継
　　・朝の政治報道の中心番組であるスパモニ(テレ朝)は放送されず。
・政治報道での**キーワードでは「マニフェスト」がトップ**。
　・週末の民間団体による参院選マニフェストの検証大会報道の中で繰り返し参照。
　・日テレ、TBS、フジ、テレ朝の4局すべて取り上げたものの、5時台6時台の早い時間帯。
　・検証大会の各局報道ぶりは、
　　・【TBS】連合の民主党64点、自民44点を厚めに取り上げ、連合の自民に対する「政権の座を失ったことについて総括する必要あり」評価も報道。併せて経済同友会の民主党35点、自民党40点を取り上げバランスをとったがやや民主寄り
　　・【フジ】、【テレ朝】は自民を評価した団体の方が多かったことを指摘。
　　・【フジ】は 民主、自民とも6団体平均40 点程度と厳しい評価であることを指摘。

2. 本日の突っ込みどころ／守りどころ

■突っ込みどころ:

・「**消費税マニフェスト**」への突っ込みを厳しくすべき。
　・首相消費税発言への世論:朝日「評価30, 非評価50」「読売評価48、非評価44」。
　・「マネ」「カンニング」といった感情的な攻めよりも、具体的に語った方が説得力があり。
　　・10%の上げ幅はなぜ口頭説明だけなのか。
　　・消費税使途をどうするのか、公務員給与に消えるのではないか。　など
　・自民党としての法人税減税とからめた財政再建のストーリーをもっと平易かつ具体的に語る必要があり。
・**「国民は気づき始めた」**というフレーズを頻繁に使用すべき。
　・週末世論調査:朝日＝内閣支持率は50%(1週間前より▼9%)。読売＝55%

位ではなく、1日単位でテレビのメタデータを分析できる体制をつくる、ということだった。大ざっぱに言えば、週刊誌を日刊紙に変更するようなものである。

週単位から日単位に分析期間を詰めることがすぐ「先読み」につながるわけではないが、少なくとも「即応」はしやすくなる。今日の出来事に対して明日対応するための準備ができる、ギリギリに詰めればその日のうちに対応することができるかもしれない。加えて、当然ながら、週単位情報よりも日単位情報のほうが、詳細になる。

報告サイクルを一気に日単位に縮めるということは、我々情報提供側にとってもたいへんだが、情報を受ける議員もたいへんである。毎日情報を読みこなさなければならないか

らだ。しかも、毎日対面で内容を説明するわけにはいかない。私は情報の送り手と受け手にとってもっともスムーズなやりとりができるようにデイリー報告書を設計した。

ポイントは情報表現のコンパクトさにある。トップページ1ページだけ見れば、その日の重要な事象が一目でわかる。2〜3ページ目を見れば、重要事象がどのようなキーワードによって構成されているかがわかる。もし詳細を知りたければ3ページ目以後には詳細な報道内容がリストアップされている。これまでの情報分析会議でテレビ報道情報を見るのに慣れたメンバーなら1ページ目は30秒、3ページまで見ても3分程度あればじゅうぶん理解できる内容だ。

一方、報告書の原データを作成するエム・データ社の現場はちょっとトレーニングを要した。このとき重要だったのは政治報道のメタデータから重要事象の「キーワード」を抽出して整理するための人間系とコンピュータ系の両方にまたがるトレーニングだった。

メタデータのデータベースには、テレビ局名、番組名、トピックごとのタイトル、トピックごとの放送開始時刻・終了時刻、トピック内容の要約、登場人物や組織名などの情報がおびただしいテキストの断片として格納されている。ここから日本語を単語単位で取り出して出現頻度順に整理するのはコンピュータのお手の物なのだが、実際に試してみたところ多くの「無用データ」が交じってしまうことがわかった。例えばテレビ局名や番組名はあらゆるトピックと結びついているため、単純な頻度計算では「NHK」とか「めざましテレビ」という言葉が出現頻度の上位に現れてしまう。こうした「無用データ」を判別して排除する仕組みを人間系にもコンピュータ系にも「教え込む」必要があった。この難関を乗り越えるのに10日くらいかかっただろうか。

こうして誕生したのが、「政治TV報道調査リポートデイリー」だった。

新方式では月曜から日曜まで朝10時30分にはその日の報告書が完成する。この報告書でカバーするニュースは当日朝8時30分までなので、完成までわずか2時間。これなら党本部の昼前の会議に生かせる。情報サイクルを一気に縮めて、かつ、分析結果を速読できるようにコンパクト化したことは大きな進化だった。

## 「世論は朝つくられる」

当時茂木氏らにプレゼンした資料には〈毎朝の政治報道を中心に、報道量、内容、報道姿勢を捉える〉とある。何気なく「毎朝の政治報道を中心に」とあるが、じつはそこがポイントだった。今では若干状況が変わっているが、当時は「その日が暮れるまでのニュースのメインは何か」「その論調はどういったものか」は朝の番組でほとんどが決まる傾向にあった。朝の4時台から8時台までの各局の報道を見れば、その日のキーワードがつかめる。「世論は朝つくられる」というわけだ。

基本的に午前中までのニュースはその前日に起こった出来事を報じる。突発的な大事件を除いて当日のニュースが流れ始めるのは午後4時以後の夕方ニュースの枠だが、夕方のニュースはテーマを絞ったり時間をかけて取材したりした特集的な内容に重点がおかれる。本当の意味で当日のニュースがしっかりと入ってくるのはNHKの19時の「ニュース7」から。続いてNHKの21時の「ニュースウオッチ9」が入り、22時台の「報道ステーション」から民放にスイッチする。23時台にTBSの「NEWS23」や日テレの「NEWS ZERO」などへと続き一日の報道が終わる。夜のニュース番組は、最新ネタを入れつつも、まとまりきってはいない。日本の民放テレビ局は新聞社の系列にある。そして各新聞社は報道協定によって午前1時半が一応原則の最終締め切りとして横並びになっている。つまり、朝4時台からの報道に、じつは前日のすべてが収斂《しゅうれん》するわけだ。

ちなみに、2010年当時、朝の情報・報道番組ではなんといっても「みのもんたの朝ズバッ!」の影響力が強かった。みの氏が各紙の朝刊を眺めながら〝視聴者目線〟(実態は単なる主観なのだが)で、政治家を斬りまくる――「ほっとけない!」というみの氏の語り口から今日は何が飛び出すのか。特に「ズバッ!8時またぎ」と名付けられたコーナーが気になった。コーナー名は正時の前後にわたる放送を呼ぶ業界用語から来ているのだが、

8時を過ぎたあとにしばしば「ほっとけない！」が出たので目が離せなかった。

## 小泉進次郎氏をCMに起用

こうした新しいアプローチを進めると同時に、参院選時期の情報戦についてあらかじめ予想できることにはできるだけ備えておこうということになった。

例えば、当時、民主党の幹事長だった枝野幸男氏の「論点まとめ」などを作成した。周知のように、枝野氏の舌鋒の鋭さ、論理構成の巧《うま》さは自民党にとって大きな脅威である。枝野氏がどのような議論を仕掛けてくるのかを事前に想定しておけば、テレビ討論などで、どう切り込めばよいか、どう守ればよいか対策を立てるのに役立つ。

選挙にとって「ノイズ」となりそうなスポーツやエンターテインメント・イベントの先読みも同様だ。

「なぜこの時期に選挙を？」――とびっくりするぐらい選挙日程とスポーツ日程が重なっていた。まず6月24日の公示日は、夜8時半からワールドカップ・サッカー（南アフリカ大会）の日本―デンマーク戦、その週末の26日土曜日には決勝トーナメントが始まり、週が明けて29日火曜日には日本の決勝トーナメント1回戦（日本が残っていれば）。7月2日金曜日から7月7日水曜日は準々決勝と準決勝、投票日前日の10日は3位決定戦で11日投票日当日は決勝戦（日本時間では12日月曜の午前2時半からだが）。これに重なるように7月9日から7月12日の毎朝、テレビ朝日はニュースの時間をつぶして全米女子プロゴルフを中継する。こんな立て込んだ状態に加えて大相撲の賭博問題が巨大なスキャンダルになりつつあった。

情報分析会議でこの状況を説明し、念のために前年の「大敗した衆院選＝のりピーの夏」を復習した。皆「………」と一瞬黙ってしまったなかで、平井氏がポツンと言った。

「ワールドカップの日本戦の中継に（自民党の）ＣＭを入れたら見られるよなあ」

ダイナミックな示唆に、皆、顔を上げた。

「うん、それはいいかもしれない。でもどんなＣＭだ？　いまからつくれるのか？」と茂木氏。

「（小泉《こいずみ》）進次郎《しんじろう》さんを出せませんかね」と私。

「でも、まだ、肩書がないから無理でしょう」と党本部職員。

政党広告については、原則として党首かそれに準ずる役職（幹事長など）に就いている党員でなければ出られないというルールがメディア業界の不文律だった。当時の小泉氏は一年生議員。幹部に準ずる肩書があるはずがない。普通ならばここで議論がストップだ。だが、野党・自民党のアタマは柔らかかった。

「じゃあ、（小泉さんに）肩書を付ければいいわけですよね」と世耕氏。

短い会議のあいだに話はどんどん進んだ。

この話は実現した。ワールドカップのオランダ戦やデンマーク戦、決勝トーナメントのパラグアイ戦で自民党のＣＭ（谷垣総裁のＣＭ）が流れた。いまでも「２０１０ ワールドカップ日本戦　自民党ＣＭ」などでネットを検索するといろいろ出てくる。大半は「Ｗ杯中継の合間に自民党のＣＭが入って、スッゴくウザかった。サッカーで皆が一体になってるときに、自分のことしか考えてない政治家の顔なんか見たくもないわ!!　って、思った人います？」といったブーイングの書き込みだ。

発案者の平井氏はあとで「やっちまったか……」と当惑の表情で漏らしたことがあった。

私は励ました。「よかったんです。ちゃんとＣＭが見られたということじゃないですか。谷垣総裁もちゃんと名指しされてます。無視できなかったということです。批判するのはいつもノイジー・マイノリティ（うるさい少数派）。支持してくれているサイレント・マジョリティ（静かな多数派）もまちがいなくいます」。このときのワールドカップ日本戦の平均視聴率は40％を超えたとされている。そこにＣＭを投入した効果が小さかったはずがない。

ただし、ワールドカップ・サッカーの中継では小泉進次郎氏のCMは流れなかった。小泉進次郎氏には肩書が付いてちゃんとCMは制作されたのだが、さすがに局や代理店の「これはアブナイ?」というバランス感覚が働いたのだと思われる。進次郎氏は、前年(2009年)の衆院選に、父・小泉純一郎氏の後継者として初当選し、その人気は際だっていた。弁舌も爽やかな好青年というイメージは新しい自民党をアピールするには絶好の逸材だ。だが逸材過ぎて、放映したら民主党やほかの野党からアンフェアだとネジこまれる可能性がある。バランス感覚とはそういうことだ。「進次郎CM」は地方局では放映された。

この「進次郎CM」は谷垣総裁のCMと合わせてYouTubeの自民党公式チャンネルにネットCMとしても投入された。その再生回数は一晩で約7万回、わずか2週間で13万回に達した。谷垣総裁のCMは4万回ほどだった。谷垣総裁に人気がなかったのではなく、小泉進次郎人気がそれほど凄まじかったのである。

この時の民主党のCMは、サラリーマン家庭に育った菅直人《かんなおと》首相の青年時代や厚生大臣当時の写真を組み合わせ「日本は普通の人が頑張れる国だ」と訴えたもの。一方、進次郎CMは、当人の顔をアップで映しながら「ほどほどの努力では、ほどほどの幸せもつかめない。一生懸命頑張って、一生懸命働いて、豊かな、イチバンの国をつくりましょう」と強く呼びかける。私は、「コレだ！」と感動した。

私が自民党の情報分析を請け負うようになったきっかけは偶然だったが、その後、かなりの知恵と工夫を注いで自民党に肩入れしてきた理由は、このCMの文言に集約されていた。私は「努力至上主義者」である。もうひとつ加えるなら「希望を捨てない主義者」である。具体的な政策のアレコレに関する毀誉褒貶よりも前に、私は自民党の基本姿勢に同調した。

菅氏は「最小不幸社会」を唱えていたが、最初から不幸を前提にしてそれを最小化しようというような考え方に、私の感覚では少しも「希望」や「努力」の匂いが感じられない。君子豹変や朝令暮改はまあかまわない。しかし「下を向いて頑張りもしない」姿勢だけは受け入れられない。これが本書を通じて一貫した「私が自民党を支持した理由」である。

## 参院選の情報戦略

「選挙が始まったら、応援演説に行かなければいけないし、みんな各地へ散っちゃうから、世耕、お前がコミ選のリーダーをやれ」

幹事長代理も兼任する茂木氏が、世耕氏にそう伝えたのは6月中旬だった。情報分析会議は「コミュニケーション選挙対策会議（通称＝コミ選）」に衣替えした。コミ選とは、一日のなかでも午前に起こったことを午後には速報する、といった臨戦態勢の情報分析会議だ。世耕氏も参議院議員だが、２０１０年は非改選組だったため、その長に抜擢されたわけだ。

6月24日の公示後、いよいよ実際に選挙戦に突入すると毎日何かが起こる可能性がある。誰かが失言することもあれば、突然スキャンダルが出てくることもある。そういった動静を毎日ウォッチし、何かが起こった場合に的確に情報を打ち返さないといけない。同時に、敵対する候補者、民主党をはじめとする他政党の「ダメ」が見えた場合には、即座に徹底的に突くことも必要になってくる。私たちはデイリー報告書の内容を選挙モードに切り替えはじめた。5月下旬から本稼働していたデイリー報告は、1ヵ月も経たない6月18日に体裁を変えてトップページの情報項目を増やし、さらにその3日後の21日にトップページをさらに速読向きのレイアウトに変えた。

先に述べたように選挙公示前にかなりの手を打ってあったことと、予想通りワールドカップ・サッカーや角界スキャンダルで政治報道が霞んだため、この参院選の「コミ選」は、静かに進んだ。

実際、テレビ報道量の計測記録を見ると、6月24日から7月10日の選挙期間のうち、参院選関連のニュースがトップになったのは7月3日と7月10日の2日だけだった。いずれも土曜日の「政治解説報道」が報道時間を押し上げただけで、本来の意味のニュースとは性格が異なる。デイリー報告冒頭には「本日の報道トレンド：政治報道ほとんどゼロ、ワールドカップと角界賭博問題に押され」といった文字が毎日並んだ。

＊

結果的にこの参院選では、自民党が改選時から13議席増（71→84）、対する民主党は10議席減（116→106）と、自民党の勝利に終わった。参議院で民主党・国民新党（当時）は少数与党となり、衆議院で与党が法案を再可決しないと成立させられない場合が生じる、いわゆる「ねじれ国会」となる。政権奪還への最初の橋頭堡、まずは足がかりをつかんだ。

テレビ報道は参院選終了直後にガラリと変わった。7月12日、参院選から一夜明けた朝は、ワールドカップ決勝戦直後であり、賭博疑惑で揺れた大相撲初日の翌朝であるにもかかわらず、「参議院選挙―連立与党過半数割れ」が圧倒的な報道量でトップニュースとなった。朝4時の放送開始から「民主党が44議席にとどまり敗北、自民党が51議席を獲得して改選第一党となり勝利した」との報道があふれた。

## 第2フェーズ
## （2010年秋〜2011年夏）

# 膠着停滞
# ——テレビ＋ネットデータで精密度アップ

小沢一郎氏の「ニコニコ動画」独占会見や「尖閣ビデオ」の流出（YouTube）をきっかけに、政治の世界にネットが食い込む。自民党もネットメディア利用を加速。ネット上の情報分析も本格化。テレビ報道状況が一目でわかるインフォグラフィックスを作成。東日本大震災を経て情報収集・分析の手法が確立する。

## 情報分析から情報戦略へ

２０１０年夏の参院選で勝利した後、私は「情報分析強化提案草案」というリポートを作って提案した。そこには意図的に「ネット戦略」という言葉を入れた。２００９年秋以来の情報分析第１フェーズのデータをまとめて詳細に吟味した。その結果「もはやネットの情報を軽視することはできない」と判断したからだ。

判断材料は２つ。ひとつは、参院選のときに投入した小泉進次郎氏のネットＣＭだ。テレビＣＭと比べてみると、その反応は驚異的だった。同ＣＭは7月11日の投票日直後の時点で再生回数約13万回に達した。エム・データ社のＣＭメタデータを活用してこの数字を代表的な消費財企業のＣＭと比較してみた。２０１０年7月にもっとも多くテレビＣＭを投入した企業（花王）の露出本数は30秒換算で約７２０本、もっとも多くＣＭに登場したタレントはベッキーで、やはり30秒換算で約７５０回露出していた。再生回数１回を露出１本または露出１回として比べると、「進次郎ＣＭ」は、露出本数比で１８０倍、露出回数比で１７３倍という途方もないインパクトになる。「進次郎ＣＭ」の再生回数を数えた期間は半月に満たないわけだから、さらに2倍以上のインパクトがあったといえる。

もうひとつは、民主党の絶頂期だった２００９年秋の「事業仕分け第１弾」のネット中継の数字だ。このときはテレビ中継と並行してネット中継もなされた。「ニコニコ動画」などによればネット中継を120万人が視聴した。しかもこのときの状況をテレビとネットの両面で時系列を合わせてデータ分析すると「テレビやネットでの報道量」「ネット検索の回数」「ブログなどでの書き込み件数」の3者には明確な相関が見えた。

事業仕分けだけでなく、「普天間」「消費税」「陸山会（小沢一郎氏の政治資金管理団体）」「偽装献金」といった第1フェーズのキーワードについても同様の相関が表れていた。報道で情報を知って→ネットを検索して→ブログなどで自分の意見を書き込むという流れが起こっていることは確実だった。

「分析にネットを取り込まない手は考えられません。できれば情報の発信＝広報にも活用すべきです」。私は強く進言した。

10月には、それまで報道局長だった茂木氏が広報本部長に就任、ネット戦略の強化を軸に広報本部・報道局の両部門が円滑に働く体制を整えようという話も進んでいた。具体的には報道局を広報本部のなかへ組み入れ、外部への情報発信をシステム、コンテンツ両面で強化していこうという目論見だ。

第1フェーズの情報分析はテレビのメタデータだけを土台にしていた。情報分析のきっかけとなった「クチコミ@総選挙2009」プロジェクトでは選挙予測の基礎データはネットから得たメタデータだったのだが、じつはその部分はあまり「信用されなかった」からだ。結果として8割の当落を予想できたとはいえ因果関係を説明する〝証明〟はないのだからそれは当然だ。しかし、選挙結果の予測はムリでも、世の中の情報の流れのなかにネットが組み込まれはじめていることは、現実にこの1年に起こったことをふりかえれば明らかだ。

情報分析にネットを組み込むことはもはや時機というものだった。

## バブルチャートの誕生

私にはもうひとつ「テレビ報道分析についてももっとわかりやすくしなければ」との思いがあった。第1フェーズの後半で分析のサイクルはウィークリーからデイリーに高速化したものの、報告書の表現手段の中心は「文字（数字を含めて）」だった。「文字を読んでイメージを描く」のはアタマを使う（72ページ参照）。読み手それぞれのアタマのなかに浮かぶイメージも同じとは限らない。むしろイメージを見て全体像をつかんでから詳細を文字で読む方が早く理解できる。「百聞は一見にしかず」という通りなのだ。

政治家はつねに多忙で「一言で言ってくれ」とか「一目でわかるようにしてくれ」というタイプが多い。何十ページもあるようなリポートを、ドンと机の上に配付しても、誰も読まない。

そこで私は「時系列の報道状況の変化が一目でわかるバブルチャート」（96〜97ページ参照）をひねり出した。

バブルチャートとは、簡単に言えば、縦軸・横軸上に大小さまざまな大きさの円（バブル）を置くことで、データの大小比較や位置づけをいっぺんに見ることができるグラフである。1週間のうち月曜にはなにが大きな話題だったのか、その話題はその後どうなったのか、あの話題はいつから浮上してきたのか——といったことをたった1枚の図で表現できるようにした。このバブルチャートは汎用性があって、期間を1日にしても1ヵ月にしても同じように表現できる。

そのうえ「テレビ報道量はバブル」「ネットクチコミ量は折れ線」のように両方グラフにしたうえ、横軸の期間を揃えれば、テレビ報道とネットクチコミの相関関係（相関がある場合もない場合も）が一目でわかるのである。

この新しい表現方式を下打ち合わせで平井氏に見せたときの反応は、

「お、いいねえ」

広報本部で本プレゼンをしたときの茂木氏は例によってご下問ひと言。

「これ、いつからできるんだ？」

**情報サイクルの全体像**

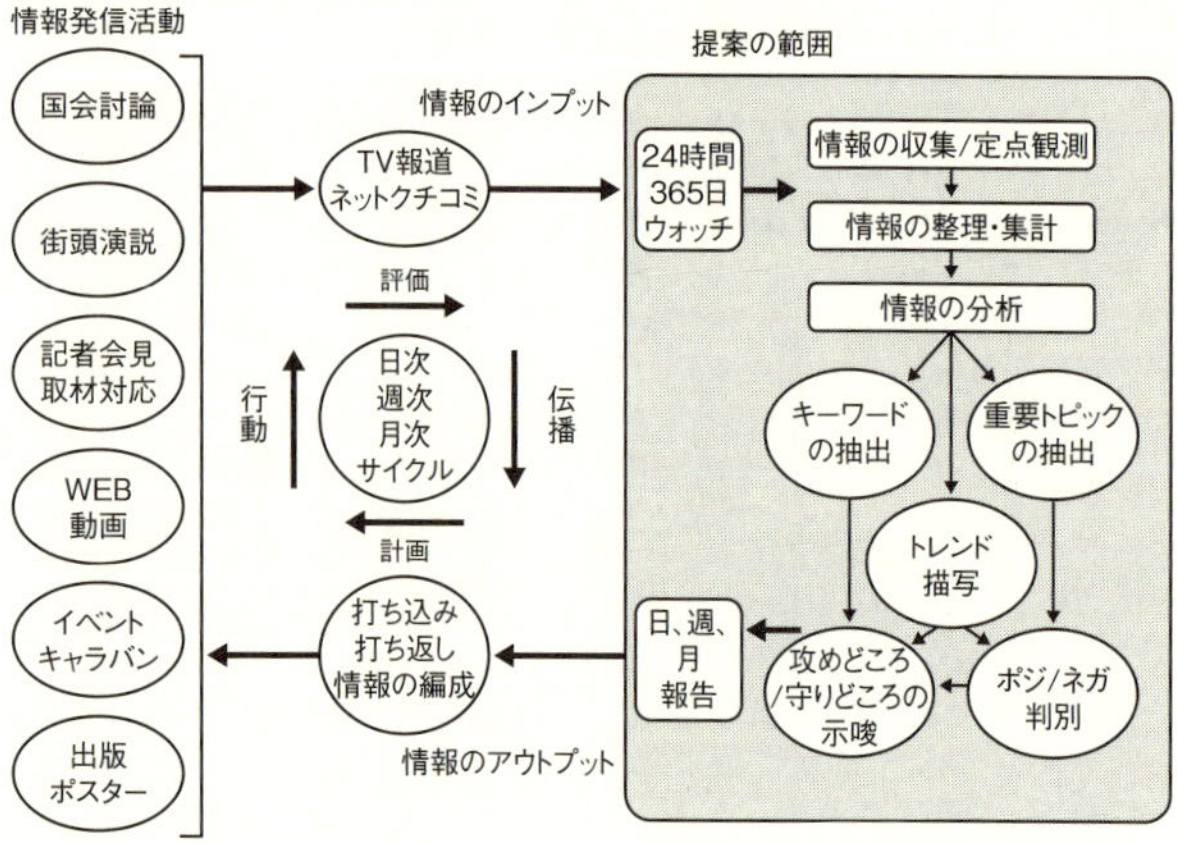


私が「明日からでも」と答えると、「ほお」とはじめて感心したような顔をしてくれた。

情報分析活動は以下のようなかたちに固まりつつあった。

テレビを24時間365日チェックするのはこれまでと同様だが、加えてネット上での「定点観測」をおこなう。定点観測とは、自民党のYouTube公式チャンネルや他の政党のウェブサイトなど、特定のポイントをつねにチェックしておくことを指す。こうして大量に集めた情報の整理・集計をしたうえで、「重要トピックの抽出」「キーワードの抽出」「トレンドの描写」「ポジ／ネガ（自民党にとって望ましいか、そうではないか）の判別」と項目別に分析し、「攻めどころ」「守りどころ」の示唆をまとめて、それらの情報を日次、週次、月次の報告書にして提出する。

ここまでは私、つまり自民党に雇われた傭兵がやる。分析会議の結果を受けたアクション、すなわち「情報の打ち返し」や「情報の打ち込み」は、政治家のレベルでやってください——原則としてこういう役割分担とした。材料を用意してアドバイスや示唆までは提供させてもらうが、その素材を採用する・しない、あるいは改変するという判断はクライアントにまかせるということだ。

ここではじめて、野党に下った後の自民党本部として情報のＰＤＣＡ（Plan 計画　Do 行動　Check 評価　Action 伝播）サイクルがミニマムなかたちで確立した。これ以降、回転のスピードが速くなったり、あるいは情報収集の範囲が縮まったり広がったりすることはあっても、この基本形が２０１３年７月までしっかり引き継がれていくのである。

## 政治とメディアを変えた２つの事件

とはいうものの、私は党本部では胡散臭い存在だったし、いよいよ取り込もうとしているネットについても、まだまだ「若いオタクみたいな連中が使うもの」という見方が普通だったから、すんなり「やるぞ」とはならない。情報分析チームのメンバーは参院選終了直後にラフなデータをまとめた時点で理解してくれていたが、党幹部を納得させるには説得力が足らなかった。茂木氏からの「わかりやすい総括報告書をまとめてくれ」の指示で、私は1ヵ月ほど悪戦苦闘した。先に並べたような「進次郎CMの威力」や「政治キーワードとネットの相関」を説明するデータを抽出して分析するには、またいく晩もの徹夜が必要だった。茂木氏も役員会で話を通すのは苦労したと思う。

ところが、そういう不透明感を一気に吹き飛ばし、以後の日本の政治とメディアのあり方を根底から大きく揺るがす2つの大きな事件が、まさにこの第2フェーズの入口で起こったのである。

まずは11月3日。動画共有型のウェブメディアである「ニコニコ動画」の生放送に、突然、民主党の小沢一郎氏が出演した。小沢氏に対する「政治とカネ」の問題で野党が国会招致を求めていた渦中での露出である。マスコミ嫌いで知られ、大手メディアがどんなに追いかけても取材に応じなかった同氏が、30分の予定を超え、1時間半も滔々と、それもにこやかに話したのだから衝撃的だった。

当然テレビも新聞も黙殺するわけにはいかなかった。直前の告知だったが、ニコニコ動画のスタジオには40人の大手メディアの取材陣が詰めかけた。祝日の番組編成にもかかわらずテレビ各局はその日の夕方から小沢談話をニュースとして流し、新聞各紙も翌4日の朝刊で大きく扱った。

ただし、その「報じ方」はやはりネットを上から目線で見下ろしていた。ニコニコ動画の報道欄である「ニコニコニュース」が憤然と書いている。

興味深いのは、番組の放送主体である「ニコニコ動画」についての報じ方だ。在京のテレビ局の表現は「インターネットの動画配信会社の番組」（NHK）、「インターネットの生番組」（TBS）、「インターネットの動画サイトのインタビュー番組」（テレビ朝日）といったもので、いずれも「ニコニコ動画」という名前を出していない。唯一、フジテレビだけが小沢氏の映像を流すときに「ニコニコ動画生出演」と字幕スーパーを入れたが、アナウンサーはやはり「インターネット番組」と説明し、「ニコニコ動画」という名称を口にしなかった。

私も小沢氏の突然の出演にはちょっとびっくりしたし、もちろん情報分析会議に短く速報はしたが、祝日の出来事でもあり「やはりネットの存在感はこんなものか」と比較的平静に見守っていた。

その油断を見透かしたかのように、翌4日、さらにドギモを抜く事件が起こったのである。「中国漁船尖閣衝突映像流出事件」だ。

流出した中国漁船衝突映像（YouTubeより）

その日私は朝から、茨城県水戸市にあるエム・データ社の地方事業所に新しい分析手法の指導に出向き、夕方からは水戸の知人の通夜に参列して、夜遅く車で帰ってくるところだった。突然、携帯電話が鳴った。私のチームのスタッフから「尖閣の漁船の件で生々しい映像がYouTubeに上がりました。ネットがたいへんな騒ぎになっています」と一報が入った瞬間だった。いったん車をサービスエリアに停め、ノートPCをWi-Fiでネットにつないで映像を眺めながら、そのスタッフと「これ……本物だよな」と話をした。夜の11時過ぎだったと思う。

ネット上の情報は何よりも真贋の区別が肝要だ。ニセ情報も山のようにあり、それに踊らされることも多々あるからだ。２００６年には「偽メール事件」で民主党の前原誠司氏が代表を辞任、きっかけを作った国会議員が自ら命を絶つという事件も起こっている。すぐに本物と信じるわけにはいかない。だが、映像はどう見ても作りものではなかった。

すでに真夜中近かったが、茂木氏に電話をかけた。茂木氏は寝ていたところを起こされたという声で電話に出てきた。

「……なんだ」

「例の尖閣の映像がネットに投稿されて騒ぎになっています。本物だと思います」

ネット掲示板「2ちゃんねる」では早くも「祭り（書き込みが1000件単位でどんどん増えていく状態）」になっていた。私が事態を知ったのは「尖閣ビデオ」が投稿された2～3時間後だったが、そのときには、たいへんな勢いで書き込み数が増えていた。

「わかった」と茂木氏はいったん電話を切ったが、すぐにまた電話がかかってきた。

「その映像、ダウンロードしているか」

「データは全部手元にあります」

「送れるようにしといてくれ」

短い会話だったが、茂木氏がはっきり目を覚ましたのがわかった。

私は再度車を走らせながら前日の小沢会見のことを思い出し、「この映像、テレビはどういう扱いをするだろうか」と考えていた。小沢会見のときは記者を現場に送ることができたが、今度はそれもできない。YouTube の映像を大手のテレビ局が果たして取り上げるだろうか——。

夜の9時過ぎに投稿されたというから、夜のニュースには間に合っていないはずだ。テレビの報道担当者がすでに事実を知っているとしても大きな逡巡があるだろう。本物かどうかの確証もないし、自力で入手した映像素材でもない。著作権の問題もある。翌朝のテレビは手を出せないのではないか——と踏んでいた。

帰京して深夜のオフィスでメールを開けるとスタッフからの情報が続々と寄せられていた。まず、午前1時23分のタイムスタンプで産経グループのWEBニュースが「尖閣ビデオ流出か YouTube に投稿」と伝えた。午前2時過ぎには「尖閣の衝突映像が流出、海上保安庁確認」と時事通信電が流れた。その時点でもまだ私は「テレビはないだろう」との見方を情報分析会議チームに送っていた。

## 一線を越えたテレビ局

結果的に私の判断は〝大甘〟だった。

夜明けが近づき、テレビをチェックすると、日本テレビがいきなり4時台のニュースで取り上げた。パソコンの画面を絵のなかに入れて放映するという手法で、「このようなビデオがネット上に投稿されました」という報道スタンスだった。

朝のニュースは各局がお互いをウォッチしている（自局だけネタ落ちがあったらマズイ）ので、一局が取り上げれば、ほぼ全局横並びに取り上げることになる。6時台、7時台とテレビニュースの扱いがどんどん大きくなり、朝8時にはネット上の再生回数も恐ろしい勢いで跳ね上がっていた。NHKはネットサイトNHKオンラインに流出映像を引用した3分弱のニュースコンテンツをアップした。3分はテレビニュースとしてはきわめて長尺である。TBSも同社のネットサイトTBS News-iに「ネット映像を撮った映像」を上げた。

「テレビとネットが対等の立場で増殖し合っている」現象を私ははじめて目の当たりにした。2ちゃんねるの書き込み数は朝7時前の段階で2万をはるかに超えていた。

自民党本部では、朝のニュースを見た議員たちが集まって「何だ、あれは」という話になっていた。私たちは小野次郎《おのじろう》参議院議員のツイッターの書き込みをとらえていた。

——流出ビデオ「海保1〜6」なるものをユーチューブで確認した。先日予算委で理事等が視聴したのは、海保4がシーン1（3分30秒）、海保5がシーン2（3分20秒）と判断される。つまり、状況から見て1から6まですべて「本物」と思われる——。

**2010/11/2(火)から2010/11/8(月)の間の
主要政治報道トピックの推移**

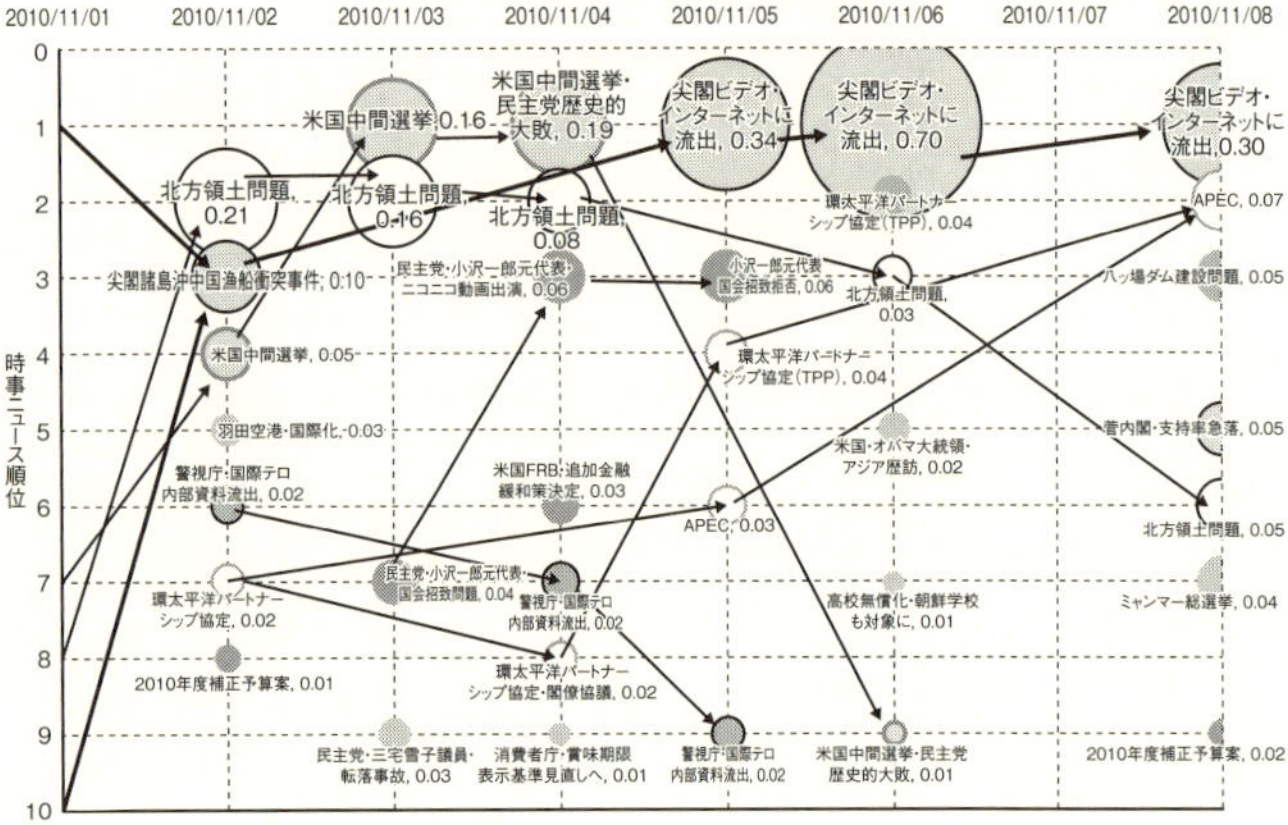


この情報も即、情報分析会議メンバーにメールで送って共有した。午前9時過ぎには、当日のデイリー報告の基礎データファイルが上がってきた。尖閣映像流出関連のトピックだけにフォーカスした詳細も知りたい、と現場スタッフに折り返し、40分後には追加データが届いた。これを査読してデイリーリポートを完成して、茂木氏らに送ったのが10時40分。

――午前8：00過ぎに、「情報プレゼンター　とくダネ！」が全6本の流出映像を順番に公開。佐々《さっさ》淳行《あつゆき》氏と電話をつないでコメントを求めた。佐々氏は「映像公開をとりやめ

**2010/10/26（火）から2010/11/1（月）の間の主要政治報道トピックの推移**

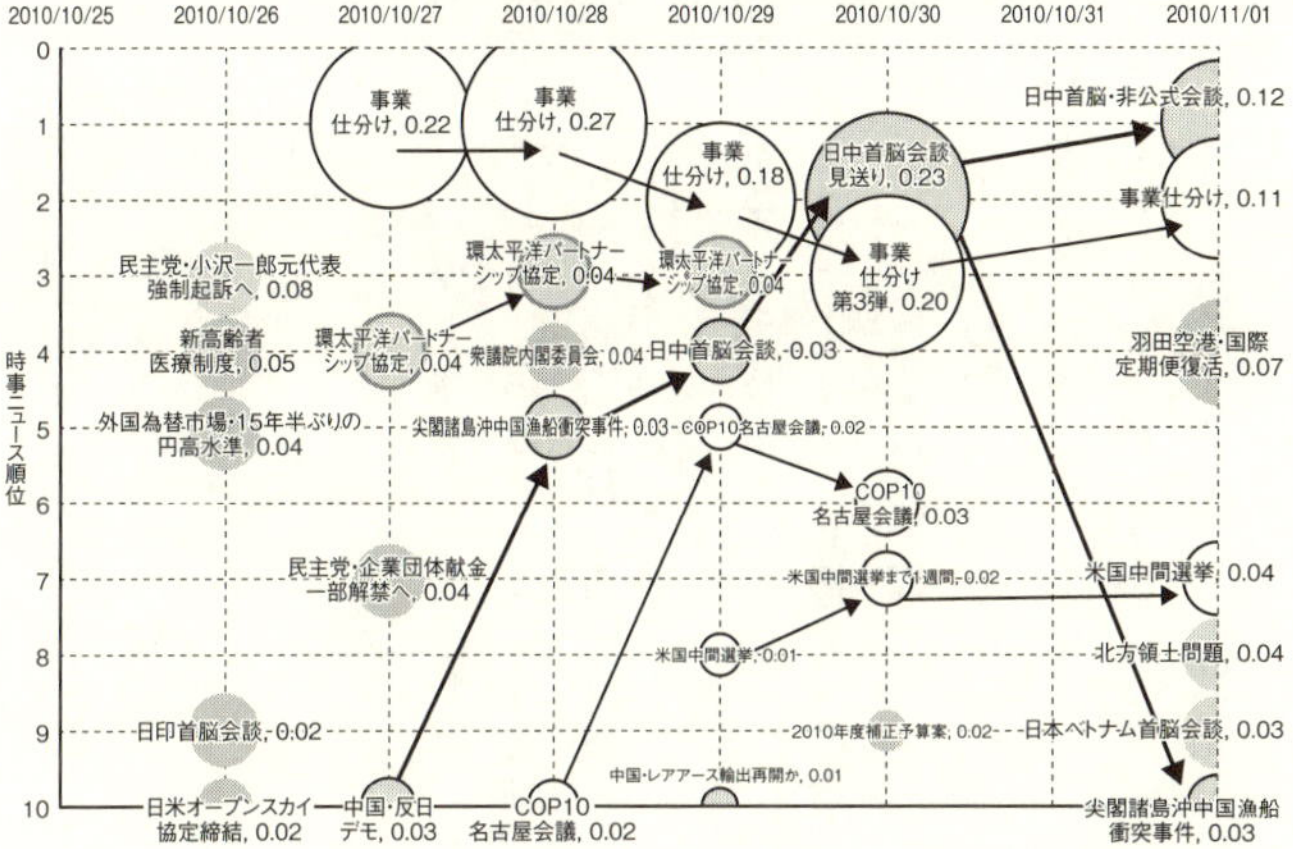


た菅―仙石《せんごく》（由人《よしと》）の対応は誤り」と決めつけ、今回映像を流出させた内部関係者を「月光仮面」と表現。「流出の罪を問われるだろうが、私は擁護に回ります」と語った——。

——朝の段階でYouTubeの動画はアップロード者が削除。ただし、ニコニコ動画に転載された動画が公開中。YouTubeでは正確なアクセス数が不明だが、ニコニコ動画では合計で15万回以上（各動画は2万〜4万回前後）のアクセス数がある。2ちゃんねるでのコメントの総数は2万6000以上——。

など詳細な状況を伝えた。もちろんその朝のニュースのなかで「尖閣映像」の報道量はダントツだった。私たちが送った映像データからDVDができあがり、昼前に自民党の幹部のほとんどが6本の映像を見た。

自民党は即応した。

同日（11月5日）18時40分から石破茂《いしばしげる》政調会長がニコニコ動画に出演、「緊急インタビュー　尖閣ビデオ問題を語る」を放送した。急な告知だったにもかかわらず視聴者数は4万を超えた。続いて21時からもニコニコ動画で「緊急特番！　尖閣ビデオ流出　日本政府の危機管理を問う」が放送され、自民党からは山本一太《やまもといちた》参議院政調会長が出演した。

## 政治とネットが手を結ぶ

テレビだけでなくネットの情報も見逃さないこと、テレビとネットの相乗効果を意識すること、分析だけでなく行動の際にもネットを役立てること——情報分析会議でやろうと思いながらいまひとつ理解が得られていなかったことが、図らずもたった2日間に凝縮されて、実現してしまった。

あらためてこの2つの事件を総括しておきたい。

2つの事件は、政治家にネットや情報分析の重要性を理解してもらうためのターニングポイントになったのである。

　小沢氏の「ニコニコ動画」出演は、あのようなかたちでＰＲするやり方があると自民党議員に知らしめるいいきっかけになった。小沢氏ほどの大物政治家で、メディアには一切出なかったような人物が、生放送で1時間半も喋った。小沢氏は以前からネットを利用していたが、世の中の反応がよいとみるや、この後さらにネットでの露出を増やすようになった。小沢氏は、ネットを積極的に露出機会に選び、実行した最初の大物政治家でもある。ネットという小回りの利くメディアである以上、相手は思わぬときに思わぬかたちで出てくる可能性が高い。こちらもいつでも対抗できる手段を持っておく必要がある。

　もう一点、重要なのは「ニコニコ動画」「YouTube」といった新しいウェブメディアを使えば、誰もが世界に大きなインパクトを与えることができるという事実に皆が気づいてしまったという点だろう。「尖閣ビデオ」は、神戸海上保安部の一保安官が、上陸時間に神戸のネットカフェから投稿した動画だった。それまでは「映像」といえば、大仕掛けで金も手間暇もかかるものだという共通認識があったが、そのハードルが一挙に消失してしまったようなものだ。

　尖閣については、すでに夏から、接近する中国漁船の存在が問題になっていて、9月には衝突事件を起こした中国人船長が逮捕されていた。菅内閣の危機管理能力そのものが問われていた。そこへ登場したのがあの映像である。じつは、私たちは9月中にすでに「尖閣問題」の露出傾向がヒット現象のパターンを示していることに気づいていた。しかし、こんなビッグバン級の情報爆発は予想していなかった。

## 野党だからできた、自民党のネット戦略

自民党のネット戦略が本格的に始まった。広報本部のマルチメディア局がネットメディア局に名称が変わり、初代局長に就任した平井氏を中心に、いくつかのプロジェクトが実現した。２０１１年2月には他党に先駆け、フェイスブックの公式ページを立ち上げたのに続き、６月には自民党本部１階の喫茶店の一部を改装してネット放送局「CafeSta：カフェスタ」(カフェスタジオの略)をオープンした。

はじめてのネット放送局であり運用面でも技術面でも「何が起こるかわからない」(平井氏)ので、最初は「CafeSta(β)：カフェスタ(ベータ)」という看板を掲げていた。ベータというのは、コンピュータのソフトウエア開発で正式商品を発売する直前に試用してもらう「β：ベータ版」から来ていた。党のＩＴ戦略特命委員長である平井氏らしい命名だ。

初期の人気番組は、なんといっても、世耕氏による、「国会解説ライブ」だった。

「難しい言葉や複雑な経緯の説明が飛び交う国会中継をもっとわかりやすく！」をうたったこの番組は、世耕氏が国会中継を眺めながら、

――いまの「費用は100％国が持つ」というのはウソですね。いまの制度では90％しか持てません……菅さんはこうやって自分が攻撃されると逆切れをしてしがみつくというパターンが非常に多いんですね。まず、自分の答弁かえりみてくれと言いたい。相手にする必要まったくないと思います。――

――さあ、これでいままでの説明とまったく整合がとれないということになります。毎回答えが変わるんですねえ……となるといま礒崎《いそざき》（陽輔《ようすけ》）さんが提示している証拠とは矛盾しているということになります。どうしますか……。――

――いまのは菅さんの功績ではなくて、現場の吉田《よしだ》（昌郎《まさお》）所長の判断がすばらしかったということだと思いますね。それをあたかも自分がやったかのように言っています。――

といった具合にリアルタイムかつ本音トークで実況解説したのが大ウケし、5万視聴者を集めるほどの大ヒット番組になった。

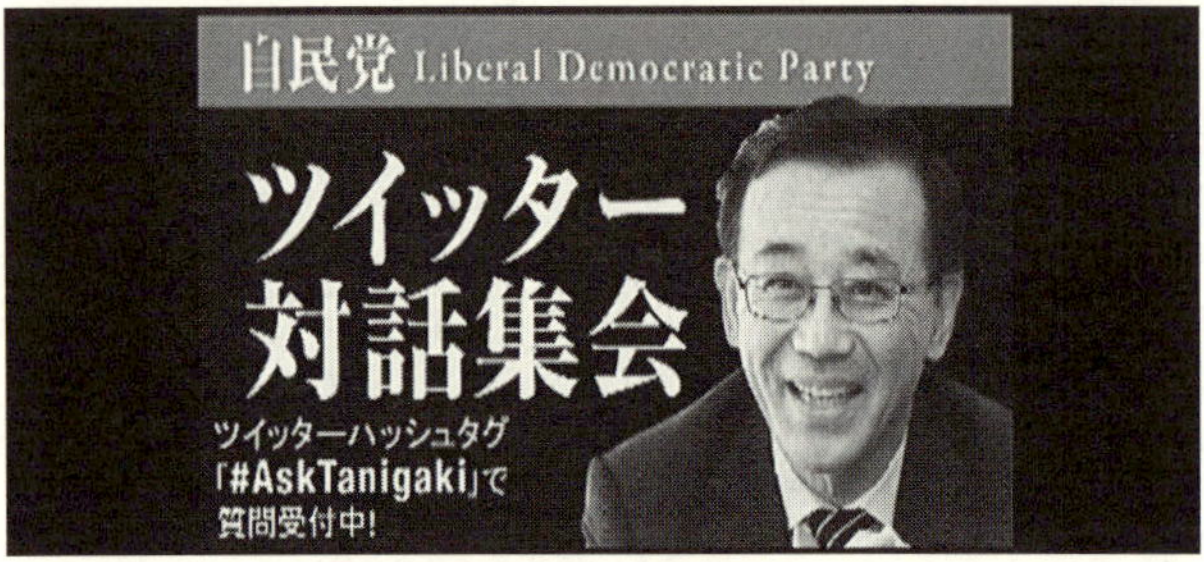


谷垣総裁対話集会ツイート数の推移

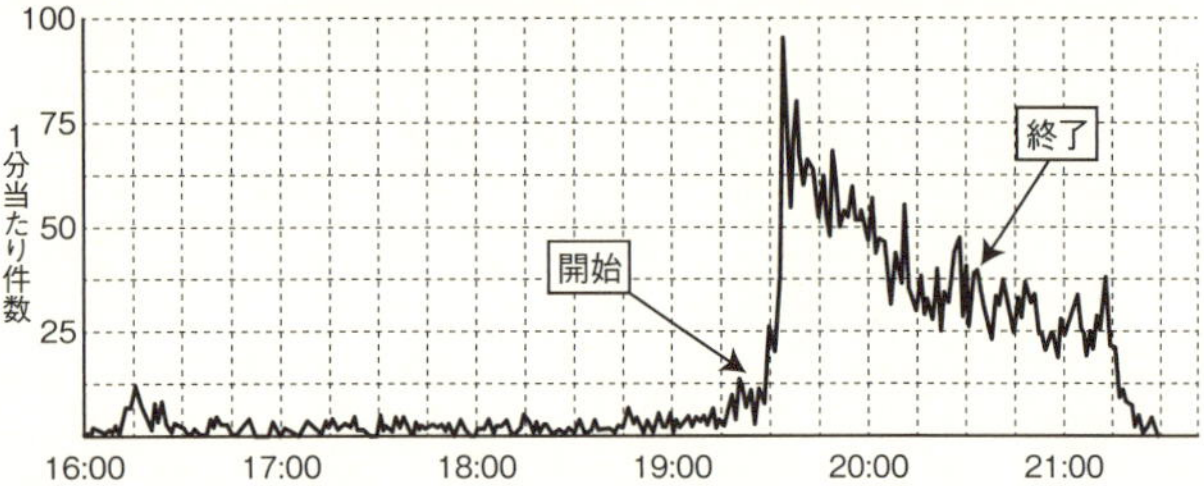


ここに並べたのは、2011年7月7日の参議院予算委員会の午後一番、礒崎議員が東日本大震災の原発事故対応で菅総理を追及した場面だ。じつはこの日、世耕氏は午前の予算委員会質疑だけ「ためしに」実況してみるつもりでいた。ところが午前中の反響が良かったために「午後も頼みます」（平井氏）という話に変わり、「ヒマなわけではないんですけれども、時間を調整してやることにしました」と昼過ぎに再度画面に登場した。のちに世耕氏は「カフェスタ草創期の視聴率男」と呼ば

れることになる。

ネットの良いところは、リアルタイムを見逃しても、いつでも視聴が可能な点だ。とにかく蓄積効果が大事で、結果的に積み上がった再生回数は他の政党のそれを圧倒する数字になっていった。

また、この年の8月23日には、谷垣禎一総裁が日本の政党党首でははじめて「ツイッター対話集会」を実施した。一月前の7月にアメリカで開催されたオバマ大統領のツイッター集会から発想して、情報分析会議で「総裁にこれをやってもらおう」という話になり、準備を始めた。どうせなら狭いカフェスタでなく党本部1階の大会議室を当日だけ視聴者の一部も呼べる客席付舞台にしつらえ、ニコニコ動画はもちろんYouTubeでもUstreamでも中継する。ツイッターのハッシュタグは#AskTanigaki。もちろんメディアの取材大歓迎。いろいろ考えた末、総裁の相手役には慶應義塾大学大学院特別招聘教授の夏野剛《なつのたけし》氏を頼んだ。

そのときの谷垣総裁は「ツイッターって何だ?」という感じだったが、「とにかくやってみていただけませんか」と説得してもらった。

番組は非常に盛り上がった。#AskTanigaki付のツイート数は、番組開始と同時に1分当たり100件弱に跳ね上がり、90分後の終了直前でも同25件前後あった。番組終了直後は「よかった」という声でまた1分当たり30件超のレベルに盛り返した。今でこそ、この形式はテレビ番組に普通に見られるが、当時は画期的だった。それどころか大政党の代表がネットを介して双方向コミュニケーションで存在をアピールするのは「冒険」と言えるくらいだった。

正直に言えば、野党だからこそ、こういうチャレンジにも取り組めたのだと思う。

**菅総理をあと一歩のところで……**

話は少し前に戻る。

2011年3月初旬、政治に関する報道は「外国人献金問題」で埋め尽くされていた。前原誠司外相は、国会で自民党の西田昌司《にしだしょうじ》議員の激しい追及を受け、同月6日に外相を辞任していた。政治資金規正法は外国人（外国法人）から政治活動に関する寄付を原則として禁じている。前原氏は5年間にわたって在日外国人女性から25万円の献金を受けていた。

外国人献金問題に関していえば、自民党側にも同じような問題が出てくる可能性もあった（事実、自民党が政権を奪還した後につぎつぎと発覚している）。だから、情報分析会議では「まず、足下に気をつけましょう」という話をした。ディフェンスをしっかり固めてからオフェンスを――この問題で徹底的に民主党を攻めていこうという方針だった。

そして3月11日――この日は参議院決算委員会が開かれており、菅総理の外国人献金問題を徹底的に追及することで自民党の方針は決まっていた。西田昌司氏がふたたび質問に立つことになった。税理士出身の西田氏は「政治資金収支報告書を読むプロ」とも称される、「政治とカネ」についてのスペシャリストだ。

前原氏と同様、菅総理も自らの資金管理団体が在日韓国人系金融機関の元理事から献金を受けていた疑いが持たれていた。支持率も低迷していた菅総理は文字どおりの土俵際に追い込まれていた。ここで献金問題が弾ければ、辞任必至の情勢だった。

「午後には菅総理のクビを取る」（世耕氏）

自民党関係者の鼻息は荒く、いよいよ決算委員会で西田氏による質疑が始まった。

ところが――そこで、3月11日14時46分を迎えるのだ。

東日本大震災の発生である。

国会議事堂も激しく揺れ、枝野幹事長、菅総理が対応に追われて議場を後にした。あと一歩というところまで追い込んでおきながら、この大地震により、菅総理への追及も完全にストップした（同年12月に検察審査会が「不起訴相当」とした）。

いくら精緻に戦略・戦術を立てて、きっちりと運用していったところで、どうしようもない出来事というのは起こるのだ。

## 被災直後のエム・データ社

地震発生当時、茨城県水戸市にあるエム・データ社の事業所では、いつものように大勢の従業員がテレビをモニターしていた。そこへ震度6強の地震が襲いかかり、事業所は壊滅した。電源は全部落ち、ガラスはほぼすべてが割れ、とくに吹き抜け部分のガラスが上から降ってきた。コンピュータの親機を置いてあるサーバールームのドアは開かなくなった。バックアップ電池が、いずれ切れてしまうのを、外から指をくわえて見ているしかない状況だった。もちろん従業員は全員が避難したので、メタデータの打ち込みはできなくなった。

それでも誰も怪我しなかったのが幸運だった。たまたま社長のキャンピングカーが事業所に横付けしてあり、そこから電源を供給して部分的にでもとにかく作業を再開しようと奮闘した。割れたガラスが散乱し埃《ほこり》が舞う事務所内から使えるＰＣを拾い出してつなぎ合わせ、その日の夜のうちには一部回復しはじめた。

ボスである茂木氏にも報告をしなければならない。彼には3月16日につぎのような報告書を送っている。

3月11日、15時頃建物一部破壊、機器一部破壊、電力ストップで機能停止、電源車からの電力供給で回復図るも、建物内の配線切断、屋内通信網ダウンで立ち上がらず、東京と通信不能。翌々日に建屋点検をおこない、配線復旧、電源車からの電力でPCと無線回線を動かし東京との通信回復。

3月14日、組織及びシステムの緊急再構成、東京サーバーに水戸PCを直接接続。

3月15日　基礎データ入力再開、3月11日の15時以後分も遡ってメタデータ生成開始。

3月16日、3月11日15時以降の基礎データ復旧完了予定、リアルタイム作業は9時から21時。


地震から5日後には、エム・データ社は最低限の機能を回復することができた。それでも普段は24時間体制のところ、震災の影響で9時から21時までの12時間分のメタデータ記録をとるのが精一杯だった。

この5日間でテレビにもっとも露出していたのは枝野官房長官だ。連日、ほぼ24時間といっていいほど報道陣の前に現れ、一日に何度も記者会見をおこない、どんな真夜中であってもいつでも言語明瞭というタフネスぶりだった。事業仕分けのころの「露出王」の復活だった。震災翌週の情報分析会議で「まるで『24』のジャック・バウアーみたいですね」と私が評すると、平井氏がすかさずツイートした。

「枝野官房長官はジャック・バウアーにでもなったつもりか」

皮肉はともかく、野党だ与党だと言っている場合ではなくなった。それに、自民党は国会では野党だが、地方では依然として圧倒的に与党だったので、民主党にも増して被災地を支援する必要があった。

私は「ここが情報の溜めどころ」と思っていた。このような大事態で人びとの目が一点に集中してしまうようなとき、必ず報道が見過ごすようなダメが積もっていくものだ。

## お粗末すぎた民主党の震災対応

実際、日を追うごとに菅政権の初動対応のまずさが浮き彫りになっていった。

私のチームのチーフアナリスト格の男性は「災害非常事態が起こった際に、国としてはどういう手続きで諸事を進めなければいけないか」を調べだした。民主党がその通りに対策を進めているかを確認するためである。

「菅政権の危機管理能力への疑問」と名付けたファイルをつくって、報告をしたのが震災発生5日後の3月16日のことだった。

後で知られたように、菅政権は緊急災害対策本部や原子力災害対策本部などの組織を16も立ち上げてしまったうえに、それぞれの役割分担も明確ではなかった。その一方で、本来招集すべき中央防災会議はしばらく設置されないままだった。

菅政権がようやく中央防災会議を開いたのは震災発生から1ヵ月半も後の4月27日である。これは脱法行為ではないのか——私たちはそういった点を書き留めていった。

4月18日の参議院予算委員会集中審議では、参院予算委員長の脇雅史《わきまさし》議員（当時、参議院国会対策委員長）が菅総理を徹底的に追及している。東日本大震災で起こった福島第一原発の事故のような事態に対処するため「原子力災害対策特別措置法」という法律がある。菅総理はまず、震災が起こるまでその法律を勉強していなかった、とあっけらかんと答弁した。続いて「去年（2010年）の10月20日、21日、非常に大事な催しがあったわけですが、このことはご記憶ですか、総理」と謎めいた質問を投げかけられると「突然のご質問ですので、なにを指されているかわかりません」と嫌そうに答えた。脇氏が「じつは、この日は原子力総合防災訓練というのをやっていらっしゃるんですね。これは本部長として菅内閣総理大臣、……覚えていらっしゃいますか」。「詳しい内容については記憶しておりませんが……」と菅総理。

脇氏がさらに詰めた。「その訓練に事故の想定という項目があるんですが、原子炉給水系の故障により、原子炉水位が低下し、原子炉が自動停止、その後の非常用炉心冷却装置等複数の設備故障により、万一放射性物質が放出された場合、その影響が発電所周辺地域に及ぶおそれがあるとの想定と、まさに今回と同じことを想定しているんじゃないですか。そのことについてなんの記憶もないんですか？　なんのための訓練だったんですか。あなたが本部長として参加されているんですよ！　ほんとうに覚えてない!?　……（答えを）どうぞ」。

「少なくとも私にとってそうした原子力のいろいろな事故は過去においても海外においても多くありましたし、日本では臨界事故というものが……」。菅総理はまともに答えることすらできなかった。

私はこのやりとりをリアルタイムでウォッチしていた。菅総理の顔には「記録上出席になってるけれど、ほんとうはこの訓練に出席していなかったんです。マズイな」と書いてあるように見えた。

ただし、情報分析の観点から問題だなと思っていたのは民主党の対応のお粗末さそのものではない。報道のあり方そのものが「被災地」を向き過ぎだということだった。私は情報分析会議で「日本は被災地だけじゃないと思いますが、被災地以外は見えませんね」など発言してたしなめられたりしていたが、どう振り返ってもこのころの情報には多様性や公平性はまるでなかった。

前述の脇氏vs.菅氏のやりとりも、よほど政治に関心があった人以外は記憶にないと思う。

もちろんこの情報を知ったとて被災地の直接の助けにはならないが、被災地を含む日本全体にとって「いまの日本のトップがどういう人物でどういう舵取りをしているのか（していないのか）」を理解するための重要情報だったと、私は思う。

菅総理はこのころ「自分は歴史に残る災害対応をしている」と言っていたが、まさに「歴史に残る」答弁をしてくれた場面だった。しかしそのことは伝わらなかった。

自民党は議事で民主党の妨害をしていたわけではない。むしろ緊急事態なので、民主党が提出してくる震災関連の法案に賛成していった。「民主党はこんなおかしなことをやっている」というストレートな言い方だと、「この非常時に、自民は民主を非難ばかりしている」というイメージになってしまうので、谷垣総裁の記者会見時には、報道局長が脇から支え、「（民主党は）こうなさったほうがいいのではないか」「（自民党は）協力を惜しまない」というふうに表現方法にも配慮していた。

私たちは毎週水曜に粛々と情報分析会議を続けていた。

## 今までの政治作法はもう通用しない

6月には、菅総理は完全にレームダック（「死に体《たい》」を意味する政治用語）と化した。6月2日昼の民主党代議士会では民主党内の誰もが「菅総理は間もなく辞任する」と思った。しかし当日午後に不信任案が否決されると「辞めるなんて言っていない」と態度を変えた。直前に菅総理と面談して辞意を確認したつもりだった鳩山前総理は「（菅氏は）ペテン師だ。こうと知っていたら不信任すればよかった」とまで言い放った。

会期末に野党が不信任案を提出するのは国会の風物詩みたいなもので定例化していると言ってよいくらいだが、このときは自民・公明・たちあがれ日本の3野党だけでなく、与党議員のなかにも不信任に賛成する者が出そうな、まさに異常事態だった。

ただし、私たちの調べでは、内閣不信任決議案や問責決議案は、むしろ野党の支持率を下げるらしいということがわかってきた。例えば、国会審議中に民主党の閣僚にスキャンダルが出たとする。当然、そのスキャンダルの当人の名前のクチコミ量がすっと上がっていく。ところが、どういう書き込みでクチコミ量が上がっているのかを調べてみると、「○○大臣が責められてるけど、どうでもいいよ。いい加減にしてほしい」「もっと他にやることあるんじゃないの」といった意見があいつぐ。攻める野党の側のイメージが悪くなっているのだ。

良識あるサイレントマジョリティ、つまり大方の有権者はどうせ不信任など提出したところで通るはずがないとわかっている。そんなことをして国会を延長したって税金のムダ遣いだと考えている。つまりは無意味な醜い争いに辟易《へきえき》しているわけだ。

「これは必ずしも自民党がやっている問責に賛成して盛り上がってるわけではないです」

このころの自民党の支持率が下がっている理由を情報分析会議で報告すると、茂木氏は「なんだ、問責（を）出すと評判（が）悪くなるのか」と驚いていた。なんとなくはわかっていても、データで明確に示すと説得力がある（それでも結局は提出するわけだが）。

このとき、痛感したのは、「不信任や問責よりも、政治は真っ当なことをやらなければ国民の支持を得られない」という、ある意味では当たり前のことだ。

ネット映像経路、あるいはツイッターのようなソーシャルメディアなど、情報を媒介とする政治と国民とのチャネルが増えた。一番活性化したのは情報を受け止める側同士のヨコのコミュニケーションだ。東日本大震災でツイッターやフェイスブックの存在が注目され、一気に人気が広がり、新しい通信手段として広く認知された。それはまさに、将来有権者になるであろう人びとも含め、有権者同士がフラットに意見を交わせるようになっているということを意味してもいた。

同時にそれは、メディアの構造、情報の構造があの震災以前と以後とでは決定的に変わってしまったということでもある。情報は国民のあいだで広まり、共有される。それゆえに、永田町は自らの論理を押し通すだけではとても国民の信を得られない。「そんなことやってる場合じゃないんじゃないの?」という意見がじつは一般的な世論であるという認識を持たねば、その先の道を誤ることになるだろう。

震災後、テレビ報道が災害の影響一色になるなかで、こちらがいくら押し出しても露出が難しいという状況が続き、問責や不信任を使うことがかえって状況を悪化させるというなかで、常識が変わっていった。世論をしっかりとつかむために「情報伝播の仕組み」や、「情報のモニタリングの仕組み」をよりいっそう活用していかなければならなくなった。

## 大臣の暴言一発が即辞任につながる時代

2011年7月、民主党にまた大きなスキャンダルが発生した。松本龍《まつもとりゅう》復興担当相の「暴言騒動」である。復興担当相としてはじめて被災地に現地入りし、村井嘉浩《むらいよしひろ》宮城県知事と会談をおこなった際、入室がちょっと遅れた村井知事をしかりつけた発言が大問題となった。

「県でコンセンサスを取れよ。そうしないと、我々は何もしないぞ。ちゃんとやれ」

「後から入ってきたけど、お客さんが来るときは自分が入ってからお客さんを呼べ」

これだけでも相当高飛車だが、会見を取材していたテレビをはじめとするマスメディアも松本氏は恫喝したのである。

「今の最後の言葉はオフレコです。いいですか、みなさん、いいですか、書いたらもうその社は終わりだから」

同日、「オフレコ恫喝」にも負けず、地元の東北放送がニュースとしてこの映像を「恫喝の部分まで含めて」放送した。以前ならばそのまま地方ニュースとして終わっていたかもしれない。キー局や全国紙が報じなければそうなっても不思議ではない。だが、東北放送のこの映像は一般人の手ですぐにYouTube上にアップロードされ、全国に一気に波及していった。ネット上では大騒ぎとなる。「YouTubeにこんな映像があるけど、東京のキー局はやってないんじゃない？」といったような話題が2ちゃんねるなどで盛り上がる。

あとは「尖閣ビデオ流出事件」とまったく同じ展開である。まずTBSが〝オフレコ〟を破ってニュースとして取り上げた。1局が流せば、あとは「みんなで渡れば怖くない」だ。どのテレビ局も「解禁」とばかりに、こぞって放送した。あの松本大臣の映像は、翌日の朝には全国ほとんどの人がテレビで見ただろう。このときのクチコミ動向をグラフにすると、松本大臣のクチコミ量は、それまで見たこともない「一発屋型の凄まじく鋭いピ

## 松本復興担当大臣 暴言事件のクチコミ件数の動向

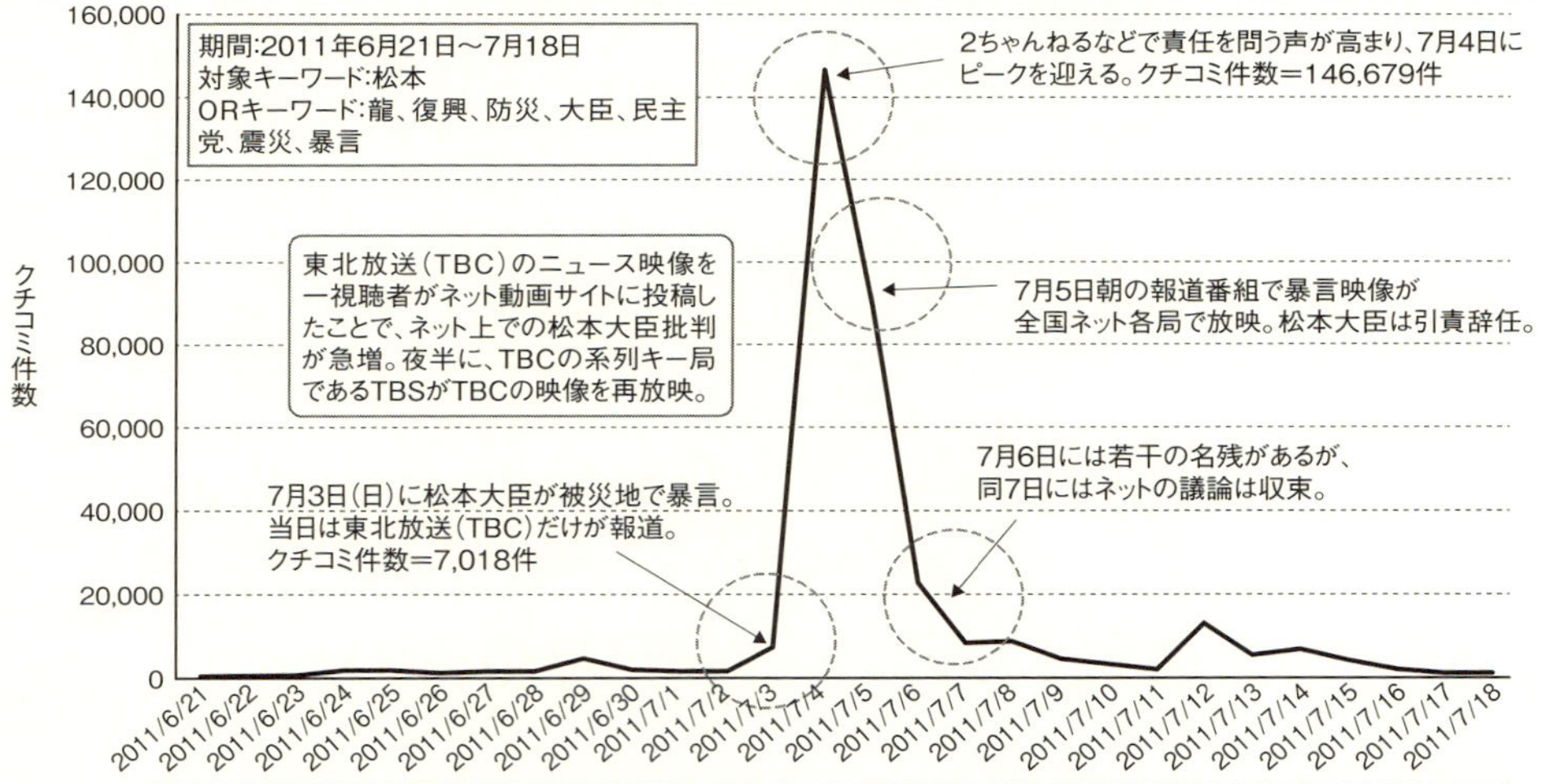


| | 2011/6/21 | 2011/6/22 | 2011/6/23 | 2011/6/24 | 2011/6/25 | 2011/6/26 | 2011/6/27 | 2011/6/28 | 2011/6/29 | 2011/6/30 | 2011/7/1 | 2011/7/2 | 2011/7/3 | 2011/7/4 |
|---|---|---|---|---|---|---|---|---|---|---|---|---|---|---|
| 系列1 | 586 | 507 | 674 | 1863 | 1866 | 1090 | 1840 | 1813 | 4714 | 2270 | 1643 | 1441 | 7018 | 146679 |

| | 2011/7/5 | 2011/7/6 | 2011/7/7 | 2011/7/8 | 2011/7/9 | 2011/7/10 | 2011/7/11 | 2011/7/12 | 2011/7/13 | 2011/7/14 | 2011/7/15 | 2011/7/16 | 2011/7/17 | 2011/7/18 |
|---|---|---|---|---|---|---|---|---|---|---|---|---|---|---|
| 系列1 | 93709 | 23677 | 8655 | 9216 | 4832 | 3527 | 2560 | 13461 | 5675 | 6855 | 4184 | 2038 | 1428 | 1323 |

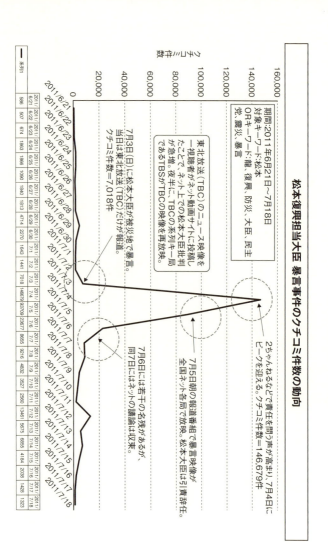

## 松本大臣辞任前後の主要政治報道トピックの推移

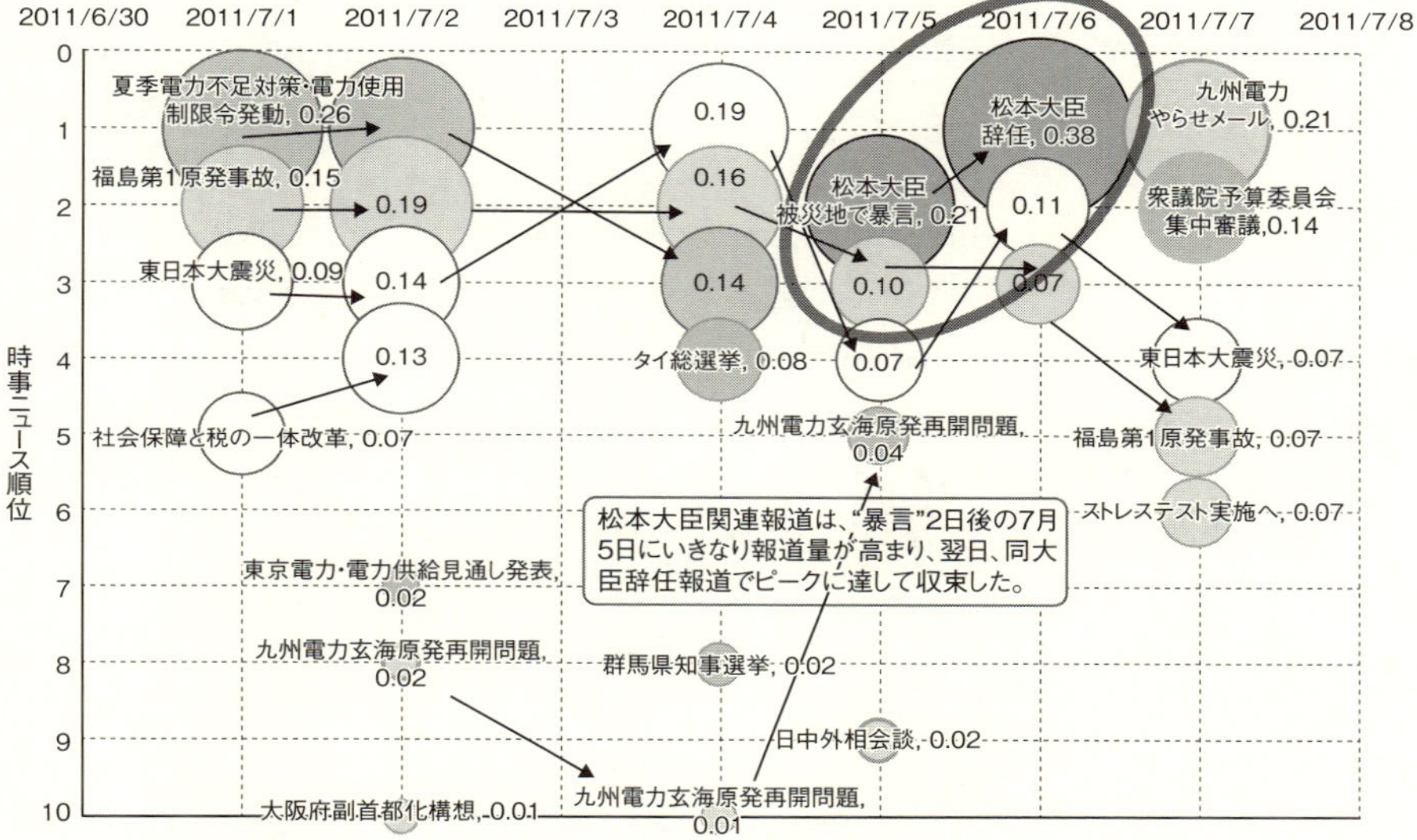

ーク」を示した。松本大臣は暴言会談から2日後の7月5日に大臣辞任に追い込まれている。大臣就任からわずか9日間の寿命だった。

この騒動は、前年から起こっていた一連の出来事の総集編のようなものだった。すなわちネットの力がテレビや大手メディアを動かし、一瞬で大臣を辞めさせるだけの情報パワーを持ってしまったのである。

従来の政治の感覚からすれば、政治家が「オフレコだ」と言ったらそれが守られるのが普通だった（例外もあるが）。松本氏もおそらくそのような感覚でいたはずなのだ。どんなに狭い世界であろうと映像がいったん流れれば、誰でもネットにアップして「全国区」に仕立て上げることが可能——そのような現実に松本氏は思い至っていなかったろうし、当時の民主党もそのような統制管理をおこなう体制にはなっていなかった。

これは自民党にとって他山の石とも呼べる事例になった。

**菅総理の「長い夏」**

政局は最悪の状態だった。菅総理に退陣を求める、いわゆる「菅おろし」が野党だけでなく与党にさえ吹き荒れていた。

ところが、菅総理は辞任を匂わせながら辞めない、のらりくらりと対応する状況がずっと続いた。午前中に「もう辞める」というようなことを言っておきながら、午後は「絶対に辞めない」と翻す、その連続である。

もちろん攻撃材料には事欠かない。震災対応のまずさ、震災後の法案決議までの対応の遅さ、松本大臣辞任のような舌禍問題……だが、攻撃をいくら仕掛けてもうまくいかない。一進一退が続くうちに、「いつ菅総理は辞めるのか」というマスメディアの関心が次第に「なぜ辞めないのか」に移っていった。これは自民党サイドからしてみるとたいへん厳しい展開だった。

こちらは「自民党vs.民主党」という構図でメディアに露出し、世論に浸透していくかたちが望ましい。主役か敵役でいたい。

ところが菅総理のようなやり方をされると「主役＝国民、悪役＝菅総理、自民＝脇役」という構図となり、存在感が薄くなってしまう。

２０１１年の永田町の夏は、菅総理が粘りに粘った「長い夏」だった。例年ならば夏前に通常国会は終わる。いかに国会を延長したところでさすがに7月には終わっているものだが、菅総理は「首相を辞めたくない」一心でズルズルと延長していった。

情報分析会議のメンバーも「夏前には当然終わり」と考えていたから、お盆休みも取れずに全員が消耗していく。8月も下旬になり、菅政権の支持率はさらに下がった。しかし本人が「支持率1％になっても続投する」としがみつくわけだから、どうにもならない。

いくら情報分析だのPDCAだの言ったところで、本人が辞めないと言っているものを辞めさせることはできない――これは、ある意味では「最強の新しい戦略」だった。自民党的な常識（美学？）でいえば、旗色の悪い総裁は、本当に「辞めろ」と言われる前に自ら退く。だが、菅総理はまったく異なる考え方をする。

情報分析という仕事には、対象となる相手の行動を予測する側面がある。例えばマーケティングをするなら、商品を買う顧客を想像する。どんなライフスタイルで、お財布の中身がいくらぐらいある人がこの商品を買うだろうとイメージし、その顧客に合わせて広告や販売促進を仕掛けていく。

これは政治でも同じことだ。だが、今度の相手には常識が通じない。従来の理屈や論理では説明しきれない、まったく違うタイプの人間が総理大臣を務める――つまるところ、メディアと同様、政治の世界にもとてつもない変化が起こっていた。民主党に政権交代したとは、そういうことだったか――とようやくわかった。

## 野田総理の登場

お盆休みを過ぎても続いた通常国会も8月下旬に入って、終了の兆しが見えてきた。再生可能エネルギー特別措置法など、一連の法律が成立したのを受け、26日に菅総理が「本当に」辞任を表明、70日の延長、都合220日という超ロングラン国会は8月31日に閉会した。

情報分析会議のメンバーもかなり消耗していて、この辞任表明直後にも「本当に辞めますかね?」「うーん、本当だろうなあ」「まだわかんないぞ」などと会話していた。

菅総理の後継を決める民主党代表選は29日に実施され、5人の立候補者のうち、決選投票を経て野田佳彦氏が代表に選出された。

この直後の雑談中に、茂木氏が、野田総理就任についてこう語っていたことがある。

「野田については昔からよく知っているが、あいつはまともで極端なダメもない。丁寧にじっくりやってくるタイプだから……攻めにくいよなあ。これはやりにくい相手が出てきちゃったなあ……」

このとき、茂木氏は党の政務調査会長に就任することが決まっていたので、秋からは政策で闘っていかなければならない。非常識人2人が引っ込んだら今度は常識人過ぎて苦労しそうだ、と覚悟を決めたかのような口調だった。

長い夏が終わり、秋から政局はまた違った局面を見せることになる。

## 第３フェーズ
### （2011年秋～2012年12月衆院選）

## 政権奪還
## ——ネット積極活用で注目を集める

民主党３人目の野田佳彦総理。前任２人に比べて手堅い分、情報的には“地味”。政治全体の情報露出が少なくなり、情報分析もやりにくくなった。世論調査結果も不安定。そんななかで安倍晋三現総理が「総裁再チャレンジ」で浮上。自民党総裁選が注目を集めた。安倍新総裁が党首討論で解散を引き出し、年末の総選挙で一気に大勝。

**ボス交代**

自民党の場合、毎年9月から10月に党内の人事が決まる。幹事長、総務会長、政調会長の党三役と呼ばれる重職が交替する場合もあれば、局長クラスの幹部が替わる場合もある。ボス連が替われば、次長、代理といったセカンド陣も一斉に替わることが多い。

10月に入ると臨時国会が始まる。例年12月までおこなわれる臨時国会が閉会すると、国会議員は年末年始は地元に腰を落ち着けて挨拶回りをこなす。年明け1月に党大会、そしてその後に通常国会が始まる。通常6月までの会期中に予算審議を終えればひと安心。夏休みには地元を回り、次のシーズンへ力を蓄えて新しい人事を待つ……。これが基本の1年間のスケジュールだ。

2011年9月、自民党報道局のトップに塩崎恭久《しおざきやすひさ》氏が就任し、私は塩崎氏に仕えることになった。前年、広報本部と合体した報道局はふたたび広報本部から独立した。茂木氏は三役のひとつである政調会長に就任した。

「情報分析会議は、このフォーマット（やり方）でいいと思う。オレの後任者には、きっちりと引き継ぐから安心しろ」

第2フェーズの総括報告書の表紙には私の会社「パースペクティブ・メディア」の名

前も入れてくれた。私は「傭兵部隊」の存在を認められたような気がして素直に嬉しかった。

さっそく新しいボスである塩崎氏の議員会館の部屋を訪ねて、情報分析会議について説明した。例によって15分ほどの面談時間である。しかし先生方を相手に短い面談で必要十分に目的を伝えることには、もう私は慣れっこになっていた。ここまでの2年間で何度同じような場面をこなしただろうか。

私は第2フェーズまでの分析報告のなかから特徴的な場面について一目で理解できるようなものを選び出してまとめた資料を持参した。塩崎氏は「茂木さんが役員会で報告していた数字はこれだったんだな。世耕さんが細かい報道リストを見ながら国会質問を作っているのを見たこともあったが、こういう資料だったのか」と、バインダーを繰りながらうなずいていた。

## 規模拡大した情報分析会議

そこで私はたたみかけた。

「(情報分析会議の内容は)基本的には今までのやり方を続ければよいと思いますが、今後は分析結果を党内でより広く共有する体制を整えてはいかがでしょうか」

党の国会議員や職員のあいだで幅広く情報を共有すれば、組織の枠を超えてより横断的に広報・報道対応が可能となる。茂木氏がトップになった政務調査会の政策決定にも情報分析の結果が参考になるだろう。

塩崎氏は「よしそれで行こう」とは答えず「うん……」と考え込んだ。

塩崎氏のアタマのなかは猛烈に回転していたと思う。

「共有して読む人が増えるのはいいが、誰もが同じように情報を理解できるだろうか。誤解によってマイナス効果が生じることはないか」

「情報漏洩のリスクも増えるだろう。共有しても安全な範囲はどこまでだろう」

「実現するとしたらどんな党内調整が必要だろうか。党内で納得を得られるだろうか」

「優先順位としてはどうだろう。いますぐに取り組むべきことなのか」

塩崎氏は第一次安倍政権では官房長官を務めた重鎮である。それほどの経歴があれば「鶴の一声」でなんでも実現できると思われるかもしれないが、現実は簡単ではない。自民党に限らずどんな組織のボスも悩みは同じである。つねに判断を求められるが、判断に当たってさまざまな迷いが去来するのは当たり前だ。

一方、私も「もう一つ別の難関がある」と内心案じていた。自民党本部職員の面々がこのような提案を歓迎してくれるか、どうかだ。自民党本部には多くの専任職員が働いている。経験豊富なこの職員たちのおかげで、急な選挙になっても、議員が国会に詰め切りになるような重大な政局の場面でも、党の実務が途切れなく進行するのだ。内閣に対する霞が関の役割と同じだ。じつは、自民党職員は２００９年総選挙で野党に下った後、給与を一律３割カットされていた。国会が渋滞して気が立っている議員から「八つ当たり」される場面を目にしたこともあった。私も長くサラリーマンだったので、そんなときの気持ちは痛いほどわかった。

党内調整などの実務は彼らが負う。まして、今回のような提案をすることは、私のような外部の人間が実務を増やすことになる。情報分析会議が始まって以来、私は「議員がその気になったからといって慢心してはいけない。党職員と摩擦を生じたら何事もうまく運ばなくなる」と折々に自分を戒めていた。今回はどうなるだろうか……。

塩崎氏は結局、情報分析会議に参加するメンバーを大幅に拡充することで「情報の共有」を実現した。面談から１週間後には、新しい会議メンバーが知らされてきた。

情報分析会議には、逢沢一郎《あいさわいちろう》総裁特別補佐、小渕優子《おぶちゆうこ》幹事長代理、柴山昌彦《しばやままさひこ》副幹事長兼自民党コンプライアンス室長、松野博一《まつのひろかず》広報戦略局長などが加わった。平井ネットメディア局長は留任である。直前のボスだった茂木氏にも、参議院の筆頭国会対策副委員長になっていた世耕氏にも情報は届くようになっていた。

このリストを見て私は「凄い」と思った。「こうなればいいな」と思ったことが予想を超えて実現していた。なかでも総裁に直接メッセージを伝えることができる総裁特別補佐官の逢沢氏が情報分析会議に入ったのが大きかった。

## 「発生の事実」よりも「菅内閣の対応ぶり」

第2フェーズまでは広報本部長室の小さなテーブルで開かれていた毎週の会議の場所は自民党本部内の大きな会議室のひとつに変わった。それまでの、額を集めてひとつの資料を見ながら話し合う、というスタイルも変わる。新しいメンバーは平井氏をのぞいて全員がはじめてバブルチャートや折れ線グラフからなる情報分析リポートを目にする。たいへん僭越《せんえつ》ながら、大テーブルの向こう側に居並ぶ先生方を前に、こちら側に座る私がレクチャーをするような恰好に自然に変化した。

とはいうものの、学校の授業のようなことをやっていたらすぐに飽きられてしまう。私は、直近の現実の政治情報的状況を説明しつつ、本書の第1フェーズに記したような情報分析の基礎が印象に残るように気を使った。

初回には2009年7月（大敗した衆院選の前）まで遡って月単位で集計した政治報道量やネット露出量を分析した資料を作り、「いま、情報的にはどういう地点に居るのか」を

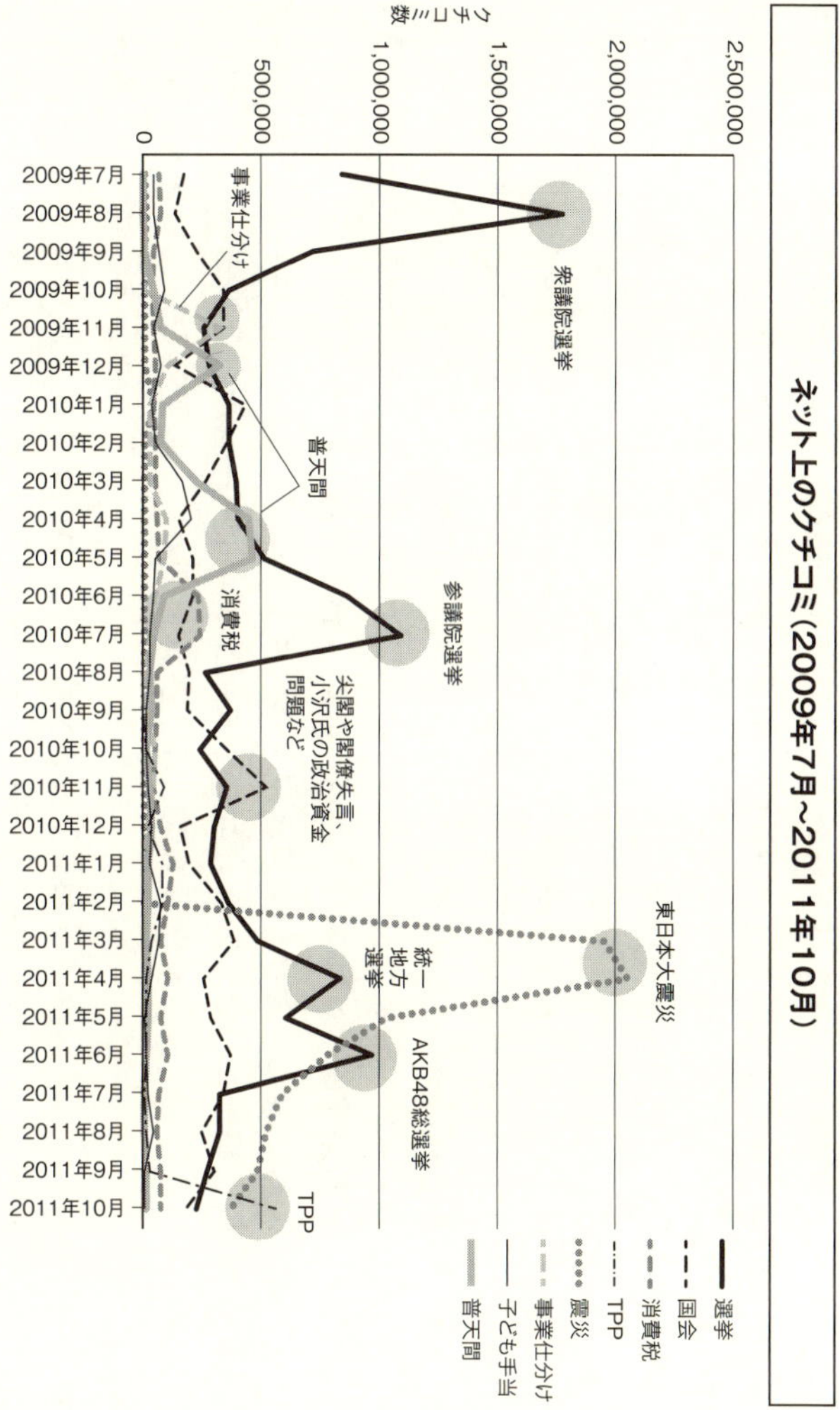
ネット上のクチコミ（2009年7月～2011年10月）
クチコミ数
2,500,000
2,000,000
1,500,000
1,000,000
500,000
0
2009年7月
2009年8月
2009年9月
2009年10月
2009年11月
2009年12月
2010年1月
2010年2月
2010年3月
2010年4月
2010年5月
2010年6月
2010年7月
2010年8月
2010年9月
2010年10月
2010年11月
2010年12月
2011年1月
2011年2月
2011年3月
2011年4月
2011年5月
2011年6月
2011年7月
2011年8月
2011年9月
2011年10月
衆議院選挙
事業仕分け
普天間
参議院選挙
消費税
尖閣や閣僚失言、
小沢氏の政治資金
問題など
東日本大震災
統一
地方
選挙
AKB48総選挙
TPP
選挙
国会
消費税
TPP
震災
事業仕分け
子ども手当
普天間

共有した。「選挙」「国会」「消費税」「TPP」「震災」「事業仕分け」「子ども手当」「普天間」などのキーワードについてあらためて2年超の時間軸をたどってみると、私にとっても新しい発見があった。

当たり前だが、この期間のキーワード露出では「震災」がダントツの鋭いピークを描いた。しかもその頂点は、2011年3月の発災時よりも震災後の4月の方が高い。やはり「発生の事実」よりも「菅内閣の対応ぶり」に人びとは関心を持ち、黙ってはいられずにネットに書き込んだのである。露出の第2位は2009年8月の衆議院選挙だった。テレビ報道は「のりピー」に占有されていたが、この選挙はネットではじつは異常なほど高い関心を集めていたことが、このときにはじめてあらわになった。第3位は2010年7月の参議院選挙。しかしこのピークは東日本大震災や衆議院議員選挙にくらべればずっと低い。「選挙」というキーワードで検索するとノイズ（政治的な観点では）として拾われてしまう「AKB48総選挙」とあまり変わらない水準だ。

個別の政治事象はもっと低い水準で推移していたが、そこにもはっきりしたパターンが表れていた。2009年11月の「事業仕分け」は、情報分析会議で位置づけた通り一発屋型のピークを示し、2010年に鳩山氏を辞任に追い込んだ「普天間」は、事業仕分けより高くロングラン型のフラットな頂点を持つカーブを描いていた。

## 普天間は「減衰力が小さい」トピックだった

「普天間」キーワードのように鋭いピークはないが長くフラットなトップを描く事象を、「情報の減衰力が小さい」と表現する。逆に、事業仕分けのように鋭く立ち上がってもすぐ消えていく事象は「情報の減衰力が大きい」。どちらがいいとか悪いとかいうわけではないが、政治の世界の情報分析の観点からは、情報の減衰力が小さい事象にはじゅうぶんな準備時間をかけてじっくり取り組むことができると言えるし、後者の場合は即応が求められる。

「このようにして政治的な出来事への関心の大きさや関心の浮き沈みを俯瞰することができるのです。毎週の報告書のグラフは、この長い線の一部を虫眼鏡でうんと拡大して覗いているということです……」

次の週には、テーマを「社会保障」に絞って探究してみたり、また別の週には「消費税」にフォーカスを当てたりして関心が途切れないようにした。毎週の定例リポートと合わせてこういう説明をすることで議論の幅が広がった。あるとき、子ども手当から発展して教育に話題が及んだとき、ちょうどお子さんが学齢期に達していた小渕氏は「公立に入れるか、最初から大学までつながっているような私立に入れるか、はたまたインターナシヨナルスクールもありなのか。ウチでは毎晩家族会議みたいになってるけど皆さんどうなんですか」と切り出した。党職員も含めてその場の年齢層は広く、すでに子どもが社会人になっている親もいれば、就学真っ最中の親もいる。笑えるものもシリアスなものも含めていろいろな経験談が出てくる。

こうした「雑談」が政治活動に直接役立ったとは思わないが、分析会議は自由闊達に意見を交わせる雰囲気になった。第3フェーズ開始から半年ほど経った2012年4月、塩崎氏が私を食事に誘ってくれた。座るなり「いつも知らない世界を教えてくれてありがとう」とねぎらってくれた一言を覚えている。

## 低値安定の野田政権

一方、情報分析の観点から見た自民党の状況は芳しくなかった。野田総理は、二枚腰、三枚腰の強さを見せた。この当時の政治状況を一言でいうならば「低値安定の野田政権」だった。まさに茂木氏が「嫌な相手が出てきた」と言ったとおりの膠着状態が続いていたと言える。内閣発足直後には、鉢呂吉雄《はちろよしお》経済産業大臣が東日本大震災の被災地を「死の町」と表現したうえ、記者懇談会で「放射能をつけちゃうぞ」と発言したことを咎《とが》められて辞任。臨時国会開始直後には柳田稔《やなぎだみのる》法務大臣が「法務大臣というのはいいですね。2つ覚えておけばいいんですから。『個別の事案についてはお答えを差し控えます』。これがいいんです。わからなかったらこれを言う。あとは『法と証拠に基づいて適切にやっております』。この2つなんです。まあ何回使ったことか」という発言が問題となり辞任。総理自身についても「外国人献金を匂わせるような不都合な過去の映像」がネットに上がって話題となったりしたが、あまり動揺しない。菅氏のように逆ギレすることもないし、鳩山氏のように人を唖然とさせるような非常識な言動もない。謝るべきところは頭を下げ、黙殺すべきところは表情を変えずにやり過ごす。

野田氏が総理に就任した直後、私は個人的な用事で千葉県に出向き、たまたま野田氏の地元の魚料理屋に立ち寄った。注文を取りに来たオバちゃんが言うのである。「サッカーはなでしこ、総理はよしひこ、そうだろ?」。2011年9月、サッカー女子日本代表はアジア予選で1位になりロンドンオリンピックへの出場を決めた。ちょうど店のテレビでそのニュースかなにかが流れているタイミングだったのかもしれないが、私は一瞬なにを言っているのかわからなかった。「総理は野田さん。ここらへんじゃ皆応援してるんだよ」。

野田氏のことを調べてみると、若いころ、選挙に通らなくて浪人しているあいだは「地域のなんでも相談屋」のようなことで生計を立てていたという。我々が目にしている野田氏の性格から推して、怪しいコンサルタントのようなことではなく、地道にジイちゃんやバアちゃん、カアちゃんやトウちゃんの悩みを聞いていたのだろう。こういう人は強い。

私たちは第3フェーズのはじめに、鳩山・菅・野田の民主党3代政権について比較分析し、民主党政権に共通する弱点を洗い出していた。

●臨時国会では必ず閣僚の失言、不祥事、政治資金問題が発生する。
●年末までに予算編成、税制、マニフェスト実現のための財源問題で迷走する。
●外交政策で党内がまとまらず、総理の方針がぶれる。
●小沢氏のあり方に代表されるように、党内でも連立与党のあいだでも必ず仲間割れを起こす。

といったものだ。

これらの現象は野田政権でもたしかに現れたが、自民党は攻めあぐねていた。当時、フジテレビの「新報道2001」が毎週発表していた世論調査を、鳩山・菅・野田の政権成立から10週分くらい、並べて比較してみた。野田内閣の支持率は、鳩山内閣の変動パターンと菅内閣の変動パターンのぴったり中間にあって、高くも低くもなく、就任直後から下り傾向ではあるものの、下がったと思えば上がり、また少し下げては盛り返すといった

「独特の安定」を示していた。

旧ボスの茂木政調会長から「予算委員会のテレビやネットの露出を調べてくれ」との緊急要請を受けたのもこのころだ。自民党は民主党の山岡賢次《やまおかけんじ》消費者担当大臣をマルチ商法がらみで、一川保夫《いちかわやすお》防衛大臣を沖縄の米軍兵による少女暴行事件がらみでそれぞれ追い込んでいた（２０１１年12月９日の参議院本会議で両大臣に対する問責決議案が可決した）が、なかなか世論に反映されないため、業を煮やして「ちゃんとテレビは報道してるのか。ネットは反応してないのか」を確かめようとしたのだ。

問題は、報道量やネットクチコミ量の多寡ではなく、人びとが永田町に関心を向けていなかったことだった。菅政権の震災対応のまずさから生じた「被災地＝善、永田町＝悪」というメディアを通した世論形成の構図はまだ続いていた。２０１１年11月、国会審議は平年と変わらぬペースで報道されていたが、ネットクチコミのキーワード露出トップは依然として「原発」だった。しかし「原発」では自民党は戦いの仕掛けようがない。

菅氏の辞めない粘りにうんざりしていた人びとの前に登場したのは、のっぺりした野田総理。自民党は無理やり襟元をつかんで揺さぶったりしている……ところで被災地のことはどうなったの――というのが情報分析でつかんだ世論の状況と言えた。

## 「第三極：橋下大阪市長」の台頭

そんなスッキリとしない政治の世界で急速にクローズアップされはじめたのが橋下徹《はしもととおる》大阪市長である。橋下氏は大阪都構想を唱える「大阪維新の会」を率いて2011年11月大阪府知事・大阪市長ダブル選挙に挑み、松井《まつい》一郎《いちろう》氏を大阪府知事に当選させ、自らも大阪市長に当選した。「大阪都構想の実現に必要ならば党として国会議員も擁立する」とぶち上げた。橋下氏の大阪ダブル選勝利は選挙翌日に東京のテレビキー局でも集中報道され、一気にその週のトップニュースに躍り出た。この後も「就任後、稼働本格化」「初登庁」などちょっとした動きのたびに全国レベルの政治報道のトップ5にランクインする露出を得、12月下旬には「主要政党党首と会談して大阪都構想への協力を訴える」という話題でふたたびトップをさらった。

タレント弁護士として全国に名が知られていたとはいえ、いち市長がこんなに爆発的な注目を集めるのは異例だった。

「橋下氏は、人びとが潜在的に求めている『強いリーダー』の象徴なのです」——私は情報分析会議で橋下氏の露出をこう位置付け、「このままではマズい。ますます自民党の存在感が希薄になってしまいかねません」と警告した。つづいて「自民党のリーダー、谷垣総裁をもっと前面に押し出せませんか」と水を向けた。私としては「出過ぎ」ギリギリの発言だ。

「具体的にはどうすればいいと思いますか？」と逢沢総裁特別補佐官が応じてくれた。

「カフェスタがいいと思います」。私は即答した。カフェスタならいつでも何回でも自由に使えるし、どんな主張も編集やカットをされることなく思う存分に語れる。

橋下市長がトップニュースに躍り出た翌々日の11月30日、国会では野田内閣としてはじめての党首討論がおこなわれた。私たちは情報分析会議を通して「党首討論の内容については報道もネットも具体的なイメージを持っていない（あまり関心がない）」状況のなかで「野田総理相手の初対決で谷垣総裁の存在感や迫力が評価されることになるだろう」といった点を直前情報として示唆していた。

11月30日夜には党首討論関連報道調査を速報として提出した。予想通り「報道時間としては多くなかった。討論の内容に関しては『解散総選挙を求める谷垣総裁、繰り返し協力を求める野田総理』と集約され、討論自体が不発に終わったという見方が多かった」。

先の、私の出過ぎた発言はこうした状況を下敷きにしたものだったのだ。

12月14日、私はボスの塩崎氏や逢沢氏に引率されて、過去1年をふりかえった情報分析資料ほか「２０１２年通常国会・党大会へ向けてのアクションのご提言」という仰々しい

**「党首討論」「谷垣」「野田」をキーワードとしてネット上の書き込みを分析したときに出現する主な“関連キーワード”の分布を図示した（期間:2011年11月22日〜11月28日）**

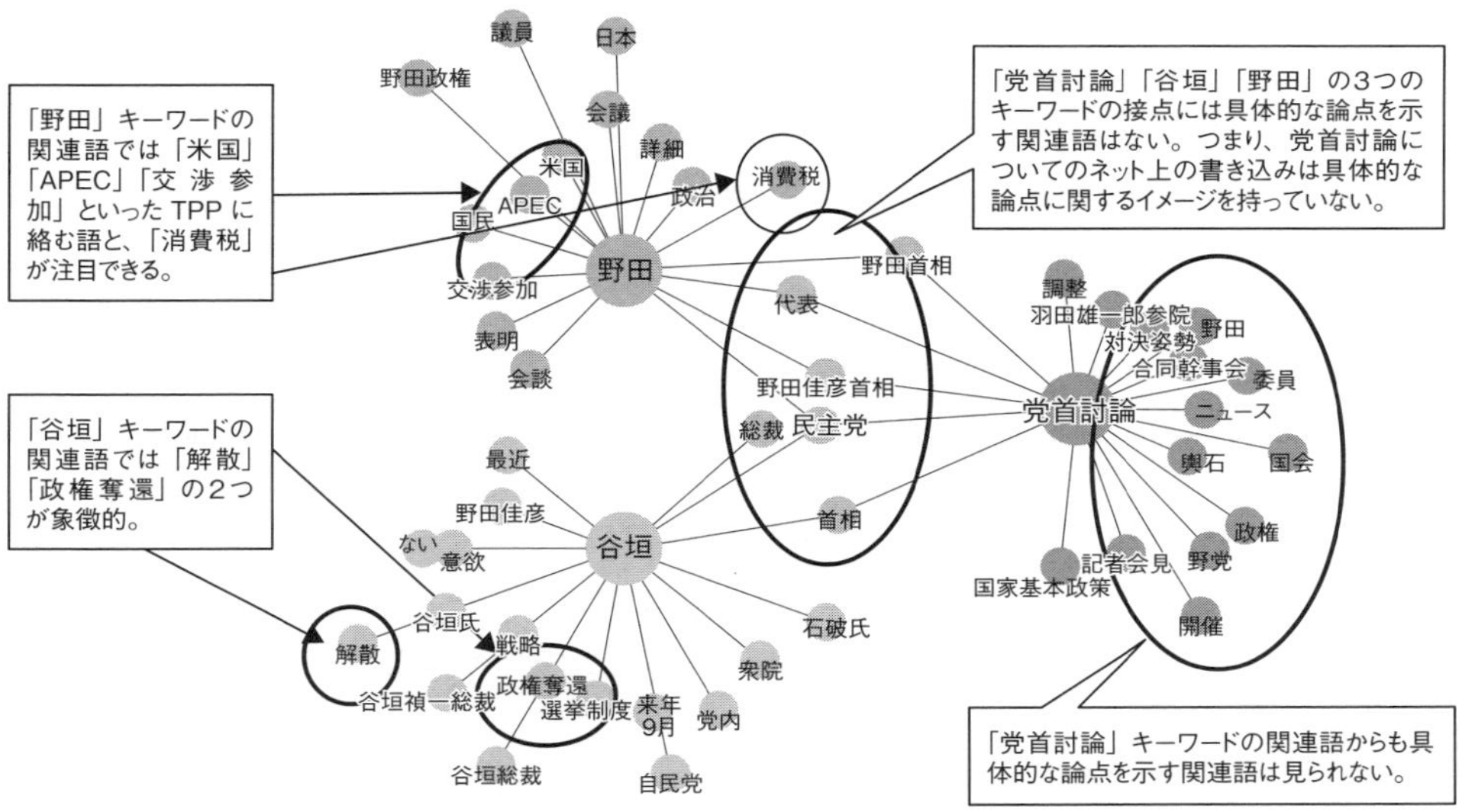

タイトルの図表を携えて谷垣総裁に面会した。その図表には、組織コンサルティングなどでときどき使われる「ミッション（使命）・ビジョン（展望）・バリュー（価値）」のコンセプトツールに当てはめて、自民党のミッションとは「日本の未来を示し政権奪還すること」、ビジョンとは「未来の国家像から帰納的に直近の政策を導くこと」、そして「逡巡よりも決断ができ、いつでも必要なときにそこにいるのだと強く伝えられること」が価値なのだ……と記してあった。もちろんその場で、内容をクダクダしく説明する時間はないし、説明する立場でもない。大事なのは、塩崎氏や逢沢氏が私の説明資料を利用して谷垣総裁を「うん、少しやってみるか」という気にさせることだ。

谷垣総裁は、乗ってくれた。1週間後の2011年12月22日にさっそくカフェスタに登場し、逢沢氏との掛け合いで「CafeSta 年末スペシャル～今年を振り返る～」を1時間超にわたって放送した。以下そのときの谷垣総裁の発言の断片である。

「自民党の主張の一番の基本は『自分の足で立たなきゃだめだ』ということです。自らの足で立っていくということが日本のパワーを引き出していく源泉じゃないかと思います」

「天は自ら助くるものを助く、という言葉がありますけれども、まず自分でやらなきゃだめだと、そしてみんなが頑張れる環境を作るのが政治だ、と」

「もちろん病気になったりハンディを持っている、そういう方には共助、そして社会保障すなわち公助が必要です。自助・共助・公助という順序とバランスが大事なんだと思います。はじめっからぶらさがるんじゃないんだ、と」

「自助・共助・公助は自民党の新しい綱領のキーワードです」

谷垣氏らしい語り口で、狙い通りのことを語ってくれた——私はそう思った。

谷垣—逢沢コンビによるカフェスタ放送は、2012年3月末までほぼ1週間に1回のペースで続いた。再生回数は思ったように伸びなかったが、ジッとこらえる持久戦のときである。「コンテンツを蓄積していくことが大事なんです」と逢沢氏を励ましつづけた。

この間、2012年の通常国会が始まっていた。2月17日に野田内閣は「社会保障と税の一体改革」を閣議決定する。社会保障の充実・安定化や、そのための財源確保と財政健全化を同時に達成するという内容で、一言でいえば「社会保障財源として消費税を8%に上げますよ」という内容だ。参院選で菅総理が言い出したように、ふたたび民主党側から消費税問題を持ち出してきた。

2月29日には、野田総理と谷垣総裁との党首討論がふたたびおこなわれた。野党・自民党が対決姿勢を明確にし、「民主vs.自民」という構図で露出を増やす絶好の機会だったのだが、「一緒に消費税を引き上げるために、努力しようじゃありませんか」という、野田総理の谷垣総裁への呼びかけで、対立感が薄まってしまった（後日、総理と谷垣総裁が事前に密会していたのではないかという報道が流れたが、事実ではない)。

(谷垣氏は情熱と忍耐の人である。街頭演説に立てば迫力じゅうぶんだし、議論の組み立てではきちんと筋を通す。ただし、橋下氏のように相手を挑発してコテンパンに打ち負かすタイプの議論は仕掛けない。相手が野田総理のような地味を絵に描いたような人物だと、どうしても対決の構図を生みにくいのだった。結果として、この党首討論は報道でもネット上でも盛り上がりに欠けてしまった。

党首討論に限らず、このころには政治関連の報道量全体が目に見えて少なくなっていった。どんなに重要な政治テーマであっても、野田総理をはじめとする民主党政権が「面白くない」から報道されないという事態に陥っていた。相手が極端に地味だと、情報分析的には、野党の競争相手は政治ではなくなってしまう。スポーツ、エンターテインメント、社会ネタ……などが政治報道を抑え込む。

情報分析会議でも「これは困ったなあ」という話題が頻繁に出た。戦いやすいのは、やはり鳩山氏であり、菅氏であった。野田総理のように手堅く地道なスタイルは、なかなか失敗しない。政治のプロとしてはいいのだろう。だが、野党としてはじつに困る。向こうが突出して変なことをやってくれないと、こちらは突いていきようがないのである。このときによく話していたのは、「政治も、国民の関心を得るには、マーケティングの視点に立って戦略をつくる必要がある」ということだった。

## 「近いうち」とはいつなんだ？　世論調査も大ブレ

5月中旬には、ふたたび谷垣総裁向けのレクチャー資料を作成した。「自民党の国会での活動や自民党の方針はよく伝わっていない。伝えられるほどの露出を得られていない。自民党の方針と戦略をわかりやすく差別化して打ち出し、報道や世論を引き付け、自民党の存在感をつくり出す必要がある」と前回と同じ趣旨のことをまとめた。

●「自助・共助・公助」＝「自立する日本」＝「再起する日本」といった基本方針の先にある5年後、10年後、20年後の日本の暮らしを描いて見せる。
●それを中長期的な「谷垣ビジョン」として打ち出す。
●2011年夏と同様のネット対話集会を開く。

といったところまで踏み込んでいる。

報道上の対立構造が「民主党vs.国民」「永田町vs.被災地」「既存政党vs.ニューリーダー」へと変化していくなかで「伝統的保守政党で最大野党としての自民党の存在感が霞んでい

る」とまで書いている。

これでは完全に「傭兵の分」を超えている。あらためて資料を見返しながら「よくここまででしゃばったものだ」と冷や汗が出た。

6月に入って政局が動く。消費増税や子育て支援に関連する一連の法律を成立させるという目的のために、民主・自民・公明各党のあいだで「社会保障と税の一体改革」について修正協議をおこなった結果、同月21日には3党の幹事長が「3党確認書」に署名。野田総理は、その後におこなわれた谷垣総裁、山口《やまぐち》那津男《なつお》公明党代表との3党首会談の席上で、「関連法が成立した後、近いうちに国民の信を問う」という趣旨の発言をおこなった。その結果、同月26日には衆議院を通過、8月10日に参議院で消費増税関連法案など8つの法案が可決、成立を果たしたのである。消費税増税により持続可能な社会保障の財源を確保するという内容のこの法案には、民主党内で反対の声も強く、公約違反であるとして小沢一郎氏をはじめ、若手を中心とした多くの民主党議員が離党する結果となった。またも民主党得意の仲間割れだ。

ちなみに6月26日の消費税増税採決は、おそらくこの年の通常国会で最高に注目を集めた場面だった。当日のニコニコ動画の衆議院本会議中継の視聴者数は採決前後に急増し、15万人超に達した。同日夜22時の段階で2ちゃんねるの書き込み数は9000件を超えてまだ伸びつづけていた。

情報分析会議では、3党合意が一段落した後には、消費税を争点にした総選挙があると踏んだ。この見方はマスメディアも同様で、各社が一斉に緊急世論調査を実施している。

テレビや新聞など、その当時の世論調査は大手マスコミ11社が実施していた。その結果は、各社によって大きくブレていた。例えば6月末の日経新聞と毎日新聞の世論調査結果は、日経は民主党の支持率急上昇、毎日は同急降下で、正反対の方向にブレていた。私たちも、なぜこんなにバラバラなのか、こんなにブレているのではデータとしてどこまで参考にしていいのかがわからなかった。そこで、11社の世論調査の平均を出して、その平均からの乖離率を計算してみた。どの社の調査が平均、つまり国民の最大公約数――に近くて、どこがハズれているのか――分析してみたところ、乖離率はプラス方向で最大79・8%（6月末の緊急調査時の日経）、マイナス方向で最大53・7%（同時事）にも及ぶことがわかった。自民についても民主についても、つねに上に振れがちなのは「日経」「テレビ朝日」「日本テレビ」の3社の調査、逆につねに下に振れがちなのは「時事通信」と「毎日新聞」の調査結果だった。結論としては、テレビならNHK、通信社は共同通信、新聞は読売新聞の各社がもっとも平均に近いことがわかった。この3社をひとつの平均的世論調査結果として、今後も注視していこうと決めたのだった。

世論調査 政党支持率（自民vs.民主）のブレ

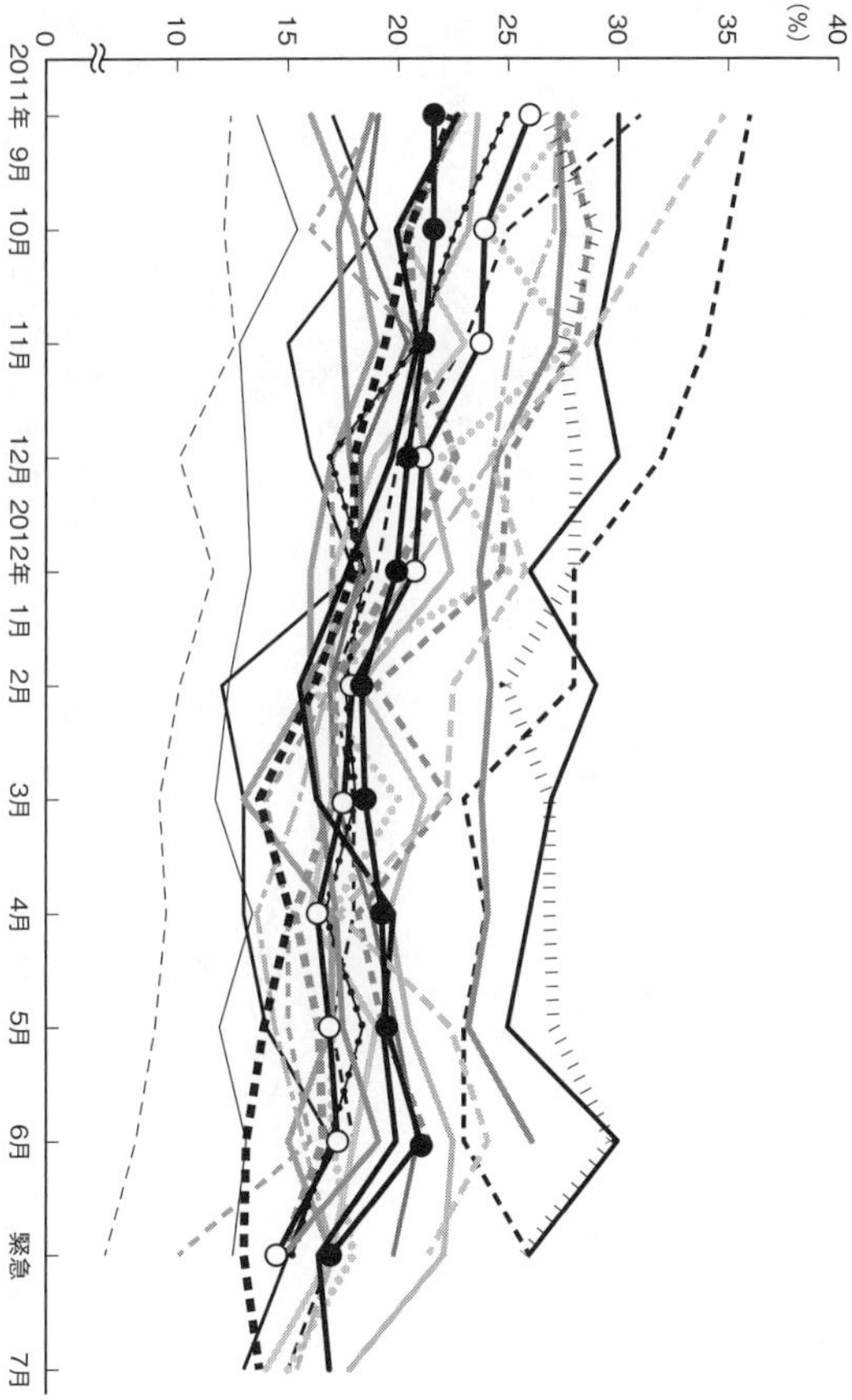

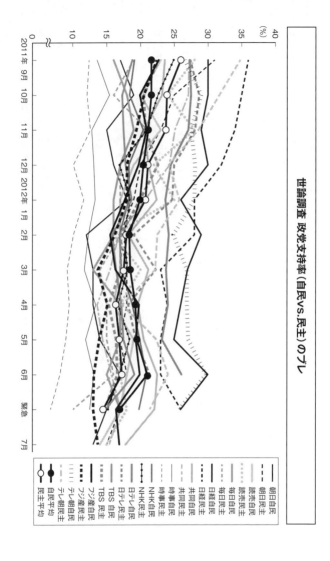

野田総理以外は誰もが解散と思っていた。ところが「近いうち」の意味が違っていた。法律が成立した後も野田総理は淡々と政権運営をつづけたのである。

国会では「近いうちっていつなんだ?」「近いうちとは、近いうちです」――といった不毛の問答がくりかえされた。前年よりもさらに「暑く長い夏」がやってくることは確実だった。国会会期は前年よりもさらに延長され、8月を通り越して9月8日までつづいたのである。

## 自民党カフェスタの試み

「ニコニコ動画をご覧のみなさん、こんにちは」

3党合意に反発した小沢一郎氏ほか所属議員の離党問題で民主党内が大きく揺れるなか、6月28日午前11時半、自民党本部では、「カフェスタ開局1周年記念　12時間ぶっ続け　まるナマ自民党」が始まっていた。その名のとおり、自民党本部からネットを使って12時間生放送をおこなうということの番組は、やや大げさに言えば〝憲政史上初の試み〟だった。オープニング・トークには平井ネットメディア局長が登場し、「この際、自民党を全部見せちゃおうと思い、野党になって変わったことを伝えたかったんです」「ちょうど1周年ということで政局とは関係なくセットしていたところ、小沢さんの離党問題とぶつかっちゃって……」などと赤裸々に明かす。その映像にかぶさるように、「おもしろい！」「楽しそうだな」「硬軟の幅あり過ぎだろ！」などと、リアルタイムに視聴者のコメントが書き込まれていく。

たしかに放送内容は硬軟を取り混ぜていた。一方では、幹事長室や総裁室など、それまでなかなかテレビカメラが入ったことのない部屋にも中継を入れたほか、政局解説、総裁記者会見、「シャドウ・キャビネット」の閣議中継、小泉進次郎議員ら若手青年局有志が震災復興について語るなど、ごく真っ当な政治メニューを取りそろえていた。もう一方で「同期の桜ナイト」と銘打ったコーナーでは大島理森《おおしまただもり》・伊吹文明《いぶきぶんめい》・町村信孝《まちむらのぶたか》・二階俊博《にかいとしひろ》・額賀福志郎《ぬかがふくしろう》といった、昭和58年初当選組の重鎮議員が一堂に会し、思い出話に花を咲かせた。「自民党ショップチャンネル」と題して自民党本部で販売するオフィシャルグッズを紹介し、視聴者から面白がられた。また「本気で考える自民党ガンダム開発計画」では『機動戦士ガンダム』世代の議員が集まり大真面目にモビルスーツを作るための政策を討議した。夜も更けたころには、総裁選挙もおこなわれる講堂で平井氏が率いる議員バンド「ギインズ」がライブを披露。夜11時を過ぎ、茂木政調会長がほろ酔い気分で登場、深夜のツイッター対話集会が始まると、ネット上で大きな盛り上がりを見せた。

画期的とも、蛮勇とも言えるこの企画は、平井ネットメディア局長のアイディアから始まったものだ。政治に閉塞感が漂うなかにあって、自民党の存在感がどう見ても霞んでしまう、かといって、まともに政策論争をやってもダメだという思いが強かった。橋下氏のようなスタイルではなく、豊富な人材を揃える自民党は団体戦で勝負しようと、若手から中堅、長老まで自民党議員オールスターが総出演し、長尺の番組を作ろうという話になったのである。加えて、ネット発信では自民党は、他党に先駆けて圧倒的にリードしているという自負もあった。もう少し明かしてしまえば、準備に奔走した関係者は「平井氏が歌いたいから企画した」と思っていた。

カフェスタ12時間生放送のモニタリング記録では、ニコニコ動画来場者数約28万、コメント数約62万。6月26日の「消費税関連法案」衆院採決の様子を流した「国会ニコ動中継」が16万視聴者だから、一政党の番組としては超ヒットと言えるだろう（ちなみに、同日夕方には民主党の輿石《こしいし》東《あずま》幹事長と小沢氏による記者会見の録画映像も配信されていたが、来場者数は２６５８だった）。

ネットの書き込みをチェックすると、2ちゃんねる上では番組終了までにスレッドが４本立ち、３２００件を超える書き込みがあった。ツイッターは番組終盤の23時台に入ってから一日のなかで最大値を記録し、１時間で６６０件のツイート、１分11件のペースで意見や感想、質問が書き込まれた。ニコニコ動画が終了間際におこなったアンケートでは、

98％以上の視聴者が「もう一度やってほしい」と回答していた。

野党として存在感を示すことができずにもがいていた自民党にとって、わずかながら光明が見えてきたと実感できる経験であり、同時に少し早めの暑気払いにもなった。

## 安倍晋三氏の再登板

２０１２年初春のことだ。安倍晋三氏が自らのフェイスブックを立ち上げ、「友達募集」を開始した。２００７年秋に体調不良で首相を辞任して以来、自民党の役職には就いていなかった安倍氏だったが、ものすごい勢いで「友達」が増え、数日のうちに2万人以上が集まった。

情報分析会議で雑談のあいまに、その話を持ち出した。

「安倍元首相がフェイスブックを始めましたね。ひょっとして（9月の自民党総裁選に）再チャレンジではないでしょうか」と冗談めかして話したものの、会議に出席していたメンバーはほぼ全員が「うーん、どうかなぁ」「安倍さんは病気だったからね」と、反応は鈍かった。そのとき、その後の安倍氏の劇的な再登板を予測している議員は党内にもほとんどいなかったと思う。

安倍氏の動向が注目を集めるようになったのは8月ごろのことだった。自民党と橋下氏率いる日本維新の会との連携が取り沙汰されるようになり、政策的に近いと思われる安倍氏がクローズアップされるようになったのだ。

自民党内が徐々に慌ただしくなってきた。谷垣総裁の任期が9月30日に切れるため、総裁選によって新しい総裁を選ぶ。9月14日告示・立候補受付、9月26日投開票のスケジュールが決まった。民主党とは、解散総選挙のタイミングを巡って調整をつづけていたが、〝近いうちに〟と言われて延ばし延ばしにされ、しばらく解散はなさそうだという判断となった。そこでようやく自民党総裁選の日程が決まったのだ。

再選に意欲を見せる谷垣総裁をはじめ、安倍元首相、石原伸晃《いしはらのぶてる》幹事長、石破茂前政調会長、町村信孝元官房長官、林芳正《はやしよしまさ》政調会長代理の6人が立候補すると見られていたが、土壇場で谷垣総裁が出馬を断念するかたちとなった。その後の下馬評では石原氏と地方党員に人気のある石破氏の一騎打ちというのが大方の見方だった。ところが、有力視されていた石原氏が震災復興の談話中で、福島第一原発のことを「サティアン」に喩《たと》えた発言が問題視され、急速に支持を落としてしまうのである。

当初はダークホース的な存在だった安倍氏に追い風が吹いた。そのころの安倍氏は「日本には国防軍が必要」といった発言を積極的におこなっていたが、そこへ折り重なるように、中国の反日デモが激化する。中国各地での暴力的なデモの様子が連日日本のメディアで報じられたのみならず、中国船があいかわらず尖閣諸島海域付近を航行しているというニュースも伝えられた。こうした一連の出来事が、国防について再考する機会を与え、選挙戦中盤から安倍氏を支持する大きな流れが醸成されていくのである。その意味では、安倍氏にとってまさにベストタイミングであった。

自民党総裁選は、このような流れを受けて、日に日に注目度を高めていった。情報分析会議の一員で、ネットメディア局長でもある平井氏は、ネット上でも自民党総裁選への関心が高いことを知り、「〈自民党総裁選２０１２〉次世代型公開討論会@ニコファーレ」というイベントを仕掛けた。投開票の2日前に六本木のディスコ・ヴェルファーレ跡にできた「ニコファーレ」で、ド派手な総裁選公開討論会を開いたのである。

このイベントには、安倍氏、石破氏、石原氏、林氏の4名の候補者が参加。「日本を、取り戻す。」というスローガンのもと、事前に募集した質問に回答しながら、議論を展開していった。政党内の代表者を決める選挙ではおそらくはじめての試みだろう。

視聴者からの膨大なコメントがリアルタイムで流れ、来場者数は5万、コメント数も10万を超えた。選挙結果にはまったく影響しないものの、12時間の生放送イベントに続き、これも野党だからできたひとつのショーであり、自民党の総裁が新しく代わるということを世間に知らせる大きなＰＲの機会になった。

**自民党総裁選:ネット上のキーワード露出量の推移**

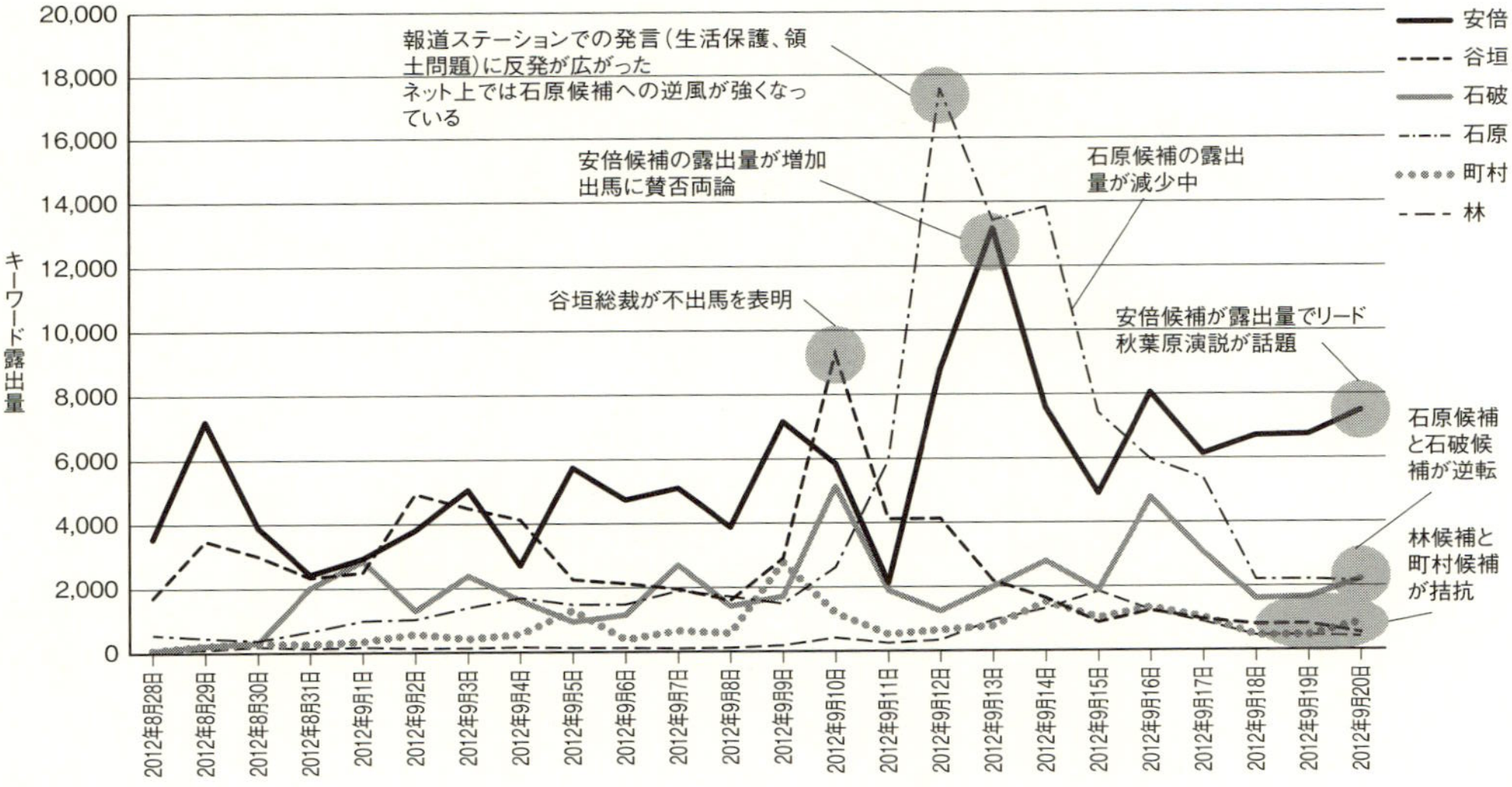

自民党総裁選候補者のネット露出動向
8月28日を起点として書き込み数の累積伸長を示す。
じつは安倍氏が最初からトップを走っていた

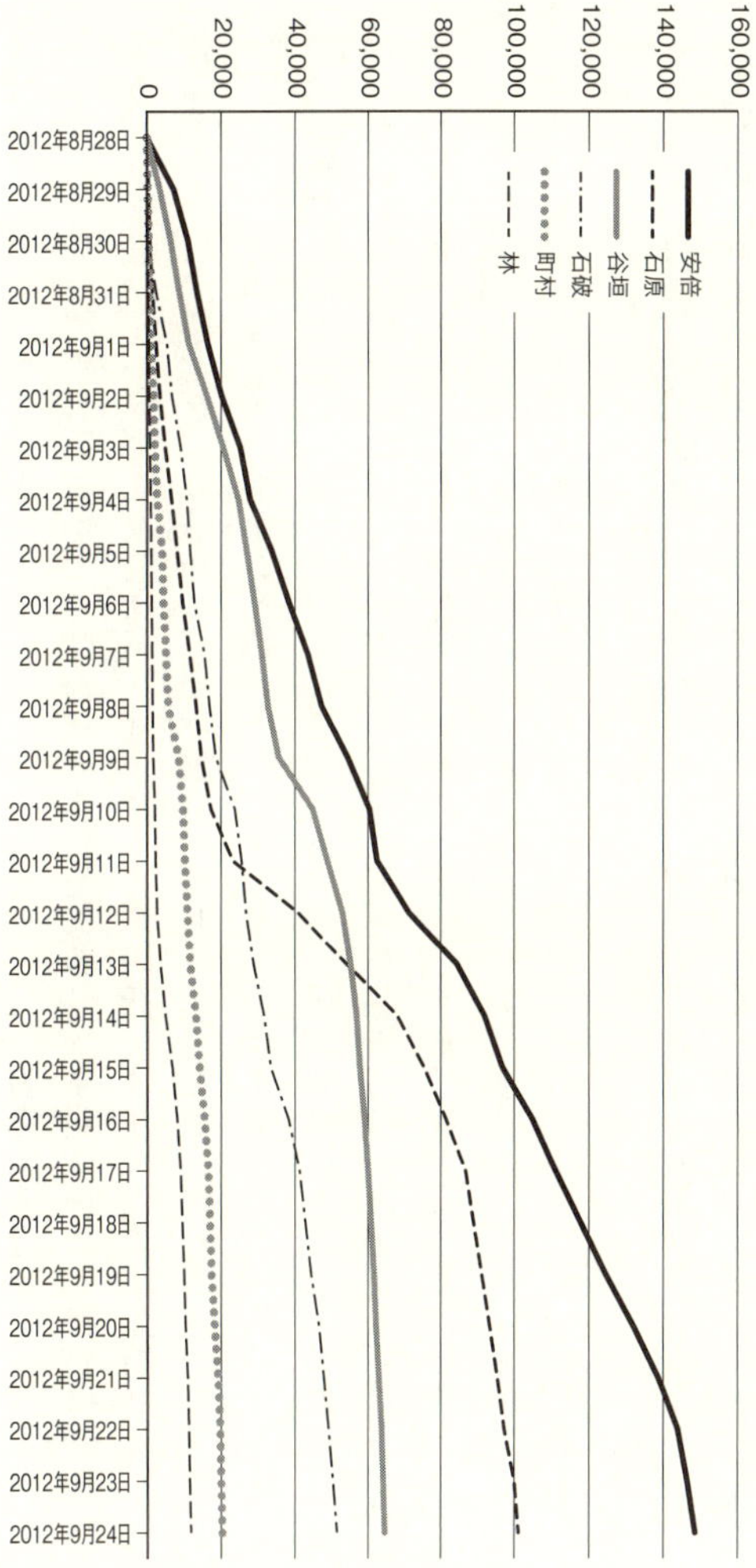

公開討論会がここまで盛り上がった理由はいくつか挙げられるだろうが、決定的だったのは、なんといっても野田総理の地味なイメージである。民主党政権の3年目に野田総理という、前任者にくらべて圧倒的にパフォーマンス力の低い地味な人物が登場し、かつ、切れ味の悪い政治運営をつづけたことで世論にはストレスがたまっていった。

国民は、より明確なメッセージを持った強いリーダーを望んでいた。維新の会の橋下氏はその期待に応えるスター性がたしかにあったものの、国政のリーダーではなかった。そこに現れたのが安倍元総理だったのである。そうした世論の雰囲気と、自民党員が投票する総裁選挙の結果とのあいだに直接的なつながりがあるかどうかの証明はできないが、結局、総裁選に勝利したのは安倍氏だった。最初の投票では、地方票で圧倒的な支持を集めた石破氏が1位になったものの、決選投票で安倍氏が逆転。5年ぶり2度目の総裁就任となった。

ちなみに、自民党総裁選と並行するかたちで、民主党代表選も同時期におこなわれた。自民党総裁選および民主党代表選、それぞれの露出量をくらべて分析してみたが、自民党総裁選の露出量が民主党代表選に圧倒的に勝っていた。当時のリポートには次のような点が示されている。

●8月以降、自民党総裁選に関するキーワードの露出量が増加。
●特に安倍首相の出馬に関する書き込みが増加。
●民主党代表選のキーワードは露出量が微増にとどまっている。

民主党は、野田総理の竹島発言（2012年8月、首相官邸で緊急記者会見を開き、韓国が竹島を不法占拠していると批判した発言）で野田氏に関する書き込みは増大していたものの、代表選に関する書き込みはほとんどなかった。

## 衆議院解散、総選挙へ

2012年9月、自民党内は安倍新体制へと刷新し、新しい党内人事が確定した。報道局長には、後に官房副長官になる加藤勝信《かとうかつのぶ》氏が着任した。加藤氏とは、ほとんど面識はなかったものの、最初から「頼む」と言われ、大いに意気に感じたものだ。

総裁選が終わった直後、10月中旬以降からは秋の臨時国会が始まる。臨時国会での自民党の戦略――それは、3党合意時の約束でありながら先送りになっている「解散・総選挙」を強く求めていくことだった。

今まで「国民vs.菅総理」「民主党内vs.野田総理」といった情報的状況のなかで、民主党とのあいだになかなか対立軸を生み出せなかった自民党は、ここで一気に存在感を高め、「安倍総裁vs.野田総理」という構図の攻防が1ヵ月もつづいていた。

＊

それは突然だった。11月14日におこなわれた党首討論でのことだ。

「私たちは約束を果たし、（社会保障と税の一体改革に関する）法律は成立をいたしました」「勇気を持って（速やかな解散の）決断をしていただきたい」と安倍総裁が野田総理に迫ったときだ。対する野田総理は「近いうちに国民の信を問うと言ったことには嘘はありません」「（衆議院議員定数削減）法案に御賛同をいただきたい」「その御決断をいただくならば、私は今週末の16日に解散をしてもいいと思っております」と、いきなり2日後の解散を敵対する相手の前で表明したのである。

「16日に解散します。やりましょう!」と畳みかける野田氏に対し、「それは約束ですね。約束ですね。よろしいんですね。よろしいんですね」と何度も念を押す安倍氏の姿が印象的だった。

この党首討論の直前の時間帯、自民党本部では定例の情報分析会議がおこなわれていた。私がいつも通りの状況報告を進めているときに、一緒に臨席していた私のスタッフの一人が「いま逢沢先生が解散の件でツイートしました」と私にそっとスマホの画面を見せた。

「！」。説明を中断し、ツイートを読み上げた。

〈解散決定、今地元へ連絡、帰る支度中〉

「本当だ！　俺も事務所に知らせなくちゃ」。自分もスマホで確認した平将明《たいらまさあき》副幹事長兼情報調査局長が立ち上がった。会議の場がざわつき、議員たちが続々と席を立っていった。

第46回衆議院議員総選挙は、12月4日に公示、12月16日投開票というスケジュールに決まった。待ちに待っていた解散総選挙という戦いが始まるのだ。

## 速攻で陣地を構える

加藤局長をトップに始まった情報分析会議は、いきなり選挙モードから始まった。２０１０年７月の参院選以来の国政選挙とあって、まずは「大至急、衆院選の特別態勢でコミュニケーション選挙対策会議（コミ選）を組織しないと間に合いません」という提言をした。加藤氏自身が衆議院議員であり、すでに地元に帰っていたが、ほぼ即日、党職員を通じてゴーサインが出た。今回のコミ選トップも参議院議員である世耕氏が仕切ることになった。さっそく世耕氏と打ち合わせ、「絶対に勝つ」ための選挙シフト情報分析態勢を敷いた。
衆院選特別態勢のコミ選の活動は主につぎのようなものだった。

●従来の分析会議で報告している日次リポートを選挙情報に絞りこんだリポートに切り替え、選挙当日まで土日も含めて毎日報告する。

●毎日のテレビ放送内容から頻出するキーワードに基づいて主要トピックを抽出し、選挙関連の情報に特に焦点を絞って分析する。

●分析対象としては、「定点観測対象」が毎朝放送開始から午前8時までの東京キー局テレビ番組。これに加えて「随時観測対象」として、例えばテレビ党首討論のような選挙特番とそれから派生するニュース、ネット動向、世論調査動向を漏れなく追う。

●報告書式はファックスニュースの素材として使えるように簡潔な表現を意識する。

●当日昼以後の街頭演説やテレビ出演に役立つよう、午前11時には（立候補者や応援演説者向けの）資料等を完成する。

これらに加えて、世耕氏の方針で、12月1日土曜から投票日前日まで毎朝9時、党本部の会議室にコミ選関係者全員が集合して情報を共有することとした。いくら電子メールやスマホがあっても、全員が集まってその場で目と耳で共有する、問題があればその場で解決する——という方法に勝るやり方はないからである。選挙となれば党内のどの部門に所属していようとも、それぞれの役割に応じて臨戦態勢になるので、じつに忙しくなる党職員にとっては厳しい方針だったが、世耕氏の「これは勝つために必要なことですからやります。ご協力お願いします」という強い声にあらがう者はいなかった。しかもコミ選期間を通じて、誰ひとり欠席しなかったと記憶している。

私の方も11月14日の衆院解散決定後、即座に「傭兵部隊」側の準備に取り掛かっていた。とはいうものの、慌ててなにかを調達したりロジスティックスを設計したりする必要はなかった。このときには、テレビの政治報道をウォッチするトレーニングを積んだスタッフがエム・データ社の現場にじゅうぶん育っており、彼らは谷垣総裁のツイッター対話集会や12時間カフェスタ、総裁選のネット討論会などを通じてネットをウォッチし分析することにも通暁していた。「この時間内に、この事象を対象にしたリポートをこのようにまとめてくれ」と依頼すれば、そのためのツールの選択から現実的に可能な分析内容まで的確に見通して可否を含めて即回答してくれるレベルにまで達していた。朝8時までの報道やネットの状況についてまとめた結果を9時の会議に間に合わせることは、それほどの難事ではなくなっていたのである。

私や、私と一緒に会議に臨席する場合があるスタッフも、テレビのどの番組をどのように注意して見ればよいか、ネットのどこを重点的にウォッチする必要があるかは熟知していた。そのためのツールも手元にじゅうぶんに準備済みだった。例えば、主要テレビ局を24時間すべて録画してくれるレコーダーがあれば、そしてその機能をじゅうぶんに使えば毎朝4時から8時の4時間分のニュースを数倍速、つまり数分の1の時間で「ナナメウォッチ」できる。

11月中には、民主党が主張するであろう論点と自民党としての対抗点を整理した表を作り、選挙期間中に「ノイズ」となるであろうスポーツやイベントについて調べてしまった。コミ選の10日前、自民党が政権公約を発表した翌朝の11月22日からデイリー選挙情報リポートの発行を始めた。

11月29日、20時からニコニコ動画が主催した党首討論会が事実上の選挙キックオフとなった。このときの中継の視聴者数は140万人。ニコニコ動画の政治番組として過去最高となった。衆院選最初の党首討論をネットメディアが主催した事実は、情報分析会議に着手してから3年間の変化を象徴していた。この番組のなかでの各党首の発言や討論の様子は新聞、テレビ、通信社に全面的に波及した。大手メディアがネットの情報を取り込むのは「当たり前」の時代に変わった。我々はもちろん、この党首討論についても即日モニター報告をした。

本番前日の11月30日には、「選挙期間中のテレビメディア出演のポイント」という参考資料を提出した。中身は選挙期間中に多数放映される選挙特番に出演する党幹部や議員のための基本マニュアルのようなものだ。

例えば、

●２００９年の民主党のコンセプトは「友愛的な、ともに政権交代という船に乗ろうと誘いかける共同参加型コミュニケーション」だったが、２０１２年の自民党は「まっとうな政治、まっとうな政治家はどちらかを有権者に選んでもらう問いかけ型コミュニケーション」にする。

●２００９年の民主党の統一メッセージは「政権交代」だったが、２０１２年の自民党メッセージは「まっとうな政治」とする（「政権奪還」は党内で共有すべきメッセージだが有権者には響かない）。

●テレビトークはＣＭと同じ。15秒の時間のなかで最大効果を発揮する言葉を意識する。「①結論＝5秒、②解説＝10秒」。

●キャッチコピーはブレずに繰り返す。目線は有権者＝カメラに向けて話しかける。

といったモロモロのノウハウが詰めてある。

私の立場からすると、ここまでの準備でコミ選の仕事の9割は終了だ。

あとは、12月1日からの本番、私自身もできる限りテレビを見て、誰が何について語り、どんなふうに評価されているのかを頭に入れたうえでその日の会議で話すメモを作成し、毎日の会議でブリーフィング（簡潔な報告）をくりかえした。

## 2つの「ネガティブ・キーワード」をポジティブに逆転

この選挙では選挙期間直前に2つの「非常に不利」なキーワードが生じた。

ひとつは「国土強靭化《きょうじんか》」、もうひとつは「国防軍」だ。

解散が決まり、半月後には衆院選に入るころだった。ある自民党古参議員が、従来から唱えてきた「国土強靭化」を自民党の主要政策として打ち出した。「国土強靭化」とは、どのような災害が発生しても、被害を最小限に抑え、迅速に復旧・復興できる、国土・地域・経済社会を構築するという、きわめてまっとうな趣旨の政策だ。ただし、この選挙のタイミングで露出すると、どうしても昔の自民党のイメージ「自民党とはやっぱり土木・

建設でバラマキか」を再燃させてしまう。「生まれ変わった自民党」をアピールしたい今回の選挙では、国土強靭化という言葉からの連想でイメージダウンにつながりかねない——という危惧を抱いた。案の定、「国土強靭化」をそのように解説する報道が出てきた。

ところがである。選挙公示の2日前、12月2日、中央自動車道の「笹子トンネル天井板落下事故」が起こった。もちろん事故は絶対に起こってはならない不幸な出来事だったが、半面、これほど「国土強靭化」の必要性を裏付ける出来事もなかった。

「国土強靭化について批判されたら、この事故についてあえてしっかりと語って反論してほしい」とコミ選でブリーフィングした。ただし伝え方を間違えると不適切になってしまうため、表現についてはクギを刺した。「このような不幸な事故を二度とくりかえさないために」という前提を併せて述べることを忘れない、という点である。

もうひとつの「国防軍」については、11月25日のテレビ朝日の番組で安倍総裁が「(自衛隊を)軍として認める」と発言したことが火種となった。国防軍は、夏の自民党総裁選以来、安倍氏が主張するところであり、選挙公約にも入っているし、安倍氏がそれを語ること自体に不自然さはない。しかし選挙となれば「なんとかそこに食い付いて、安倍総理=軍国主義者というレッテルを貼って争点にしよう」と民主党をはじめとする他党が手ぐすね引いて待ち構えているキーワードである。この時も公示前から、安倍総理が明日にも戦争を引き起こしたがっている人物であるかのように主張する他党議員の様子などが報道されていた。

このさなかの12月1日、北朝鮮が「12月10日から22日の期間に『人工衛星』の発射実験をおこなう」と予告してきた。事実上のミサイル発射予告である。偶然のタイミングの一致ではなく、日本で国政選挙がおこなわれている期間に重なることを承知の「故意」だったと思う。

もちろん、政府機能に責任を持つ与党である民主党は、選挙よりも優先順位を上げて「防衛」対応しなければならない。政府高官の職に就いていれば、たとえ自分の選挙区が激戦状態であっても政府の職務を優先させなければならない。

ところが、ここで民主党に「おてつき」が出た。12月7日、公示3日後にようやく地元(大阪)入りできた民主党・藤村修《ふじむらおさむ》官房長官が「(北朝鮮は)ミサイルをさっさとあげてくれればいいんですが」という致命的な失言をおこなってしまう。もっと地元を走り回りたいのに、政権の要職にあるためなかなか帰れない——焦る内心がそのまま言葉になってしまったのか、ユーモアのつもりでボソッと口にしたのか。現場の様子は知りようがないが、おそらく本人もどうして言葉が出てしまったのかわからないのではないかと思う。

しかし記者はこういう一言を絶対に逃さない。藤村官房長官の発言は翌日の朝にかけてテレビ各局でくりかえし報道され、ネットでもバッシングの対象となった。藤村長官はあらためて報道陣を集めて陳謝したが時すでに遅し、民主党は国防軍を批判したら「天にツバする」行為となって自分に跳ね返ってくることになるので、もはやなにも言えない立場になった。そのうえ、同月12日に北朝鮮は本当に「人工衛星」と称して長距離弾道ミサイルを発射した。こうなるとメディアも「近隣国からの攻撃」として事実をとらえざるを得なくなる。結果として安倍総裁の「国防軍」は、少なくともこの選挙期間中は「レッテル貼り」に使われなくなった。

さて、こういう事態のとき私が「藤村官房長官が失言しました。この機をとらえて全国にファックスニュースを流して一気に追い込みましょう」と緊急提言する——といったことを想像する読者がいるかもしれないが、じつはそういうことはしなかった。もちろん、「報道が出た」という事実をつかみ次第短報は送る。その短報にしても、私自身が報道が「誤報ではないと判断できる」と確信できたら送る。

慌てて動いて得になることはほとんどない。平時でもそうだが、選挙のときはなおさらである。藤村長官の失言という第一報が出たとしても、その現場の状況はわからない。本人が「言葉尻をとらえた誤報だ。断固として撤回を申し入れる」と反論してメディアが控える場合もあるだろうし、第一報に対して「またメディアが揚げ足とりしている」とネット世論が盛り上がるかもしれない。「そもそも安倍総裁が国防軍を打ち出したから北朝鮮がミサイルを撃つ気になったんだ。責任は安倍総裁にある」という言いがかりのような論調が出るかもしれない。情報がどっちを向いているのか――帰趨を見極めることこそが「情報分析」の仕事だ。報道もネットも怒濤のように同じ向きに流れはじめるときを見定めて「いまです。こちらです」と水先案内をするのが私の仕事である。

中央自動車道トンネル崩落事故のときも同じだった。事故発生翌朝、12月3日のコミ選で「国土強靭化政策が正当に評価されるきっかけになるかもしれない」というくらいのことは話をしたと思うが、当日のデイリー選挙情報リポートは「中央道トンネル崩落事故がトップニュース、しかし選挙報道も強い」と報道量から見た事実を伝えたのみである。翌12月4日も「中央道トンネル崩落事故がニュースの中心。選挙報道は小さく、本日、衆院選公示のトピックが合間合間に流れる」。ようやく12月8日「中央道事故をきっかけに『インフラ保守』を支持する内容の報道や解説番組が増えている」と、はじめて情報評価的なコメントが記された。

## 早すぎる圧勝予測は危険のサイン

腰を据えて情報評価することには実際的な意味がある。いきなり自分だけ（あるいは少数の人だけ）が知っていることを振りかざして人びとに是非を問いかけても、言いたいことは伝わらない——ということだ。例えば、藤村長官の失言の第一報が出てから5分後に、安倍総裁が遊説先で「早くミサイルを撃ってほしいとは何事か！」と演説したとしても、聞いている人たちにとっては「いったい何の話？」ということになってしまうだろう。

人びとは、報道を見て、同僚や家族と話をして、新聞やネットの解説やコラムを読んで、はじめて自分のなかに情報を収める。「良い・悪い」など情報の評価についてもイメージが固まる。この段階ではじめて「藤村長官の発言はダメですよね！」といった訴えかけが有効に働く。それを支持するか支持しないかは別として、世論は「前提となる事実を知っているから支持にも批判にも回る」ということだ。

同様のことは、ファックスニュースのような味方陣営へのアラート情報についても言える。ファックスニュースを流す判断や実務は私の仕事の範囲ではないので、この選挙期間にどのようなファックスニュースがどれだけ流されたのか、私は知らない。しかしせいぜい1回か2回だったと思う。

この選挙期間中、私は一度だけ、情報分析の観点から最大のピンチのとき、「準ファックスニュース」のようなアラートにかかわった。最大のピンチとは、「自民党３００議席超え」という中盤予想があいついで報道された場面だ。

## 「自民優勢」世論調査結果の落とし穴【緊急警戒】

12月6日(木)に新聞各社が一面トップで報じた「自民優勢」の世論調査結果には落とし穴がある。「優勢は固まっておらず激戦続く」という危機認識が正しい。

落とし穴①:有権者全体をカバーできていない

4(火)-5(水)の平日・昼間に固定電話を対象に行われた調査であり、対象者は限定されている。このことは、例えば日経新聞の記事にも但し書きがある。『今回の調査は衆院選が公示された4日と翌5日という平日に、自宅に固定電話を持つ有権者を主な対象として実施したため、会社員や学生を中心とする無党派層の声を十分には反映していない可能性がある。無党派層への支持拡大が今後の選挙戦の課題となりそうだ』。

落とし穴②:有権者の5割弱を占める無党派層の意思が反映されていない

本衆院選挙では公示の段階でも無党派層が有権者の5割弱を占める異例の多さである。この無党派層の投票行動によって選挙結果は大きく変わる。しかしながら今回の世論調査は無党派層の意思を反映していない。『本紙が5日に行った衆院選の情勢分析で有権者の約五割が投票先を決めていないことが明らかになった。投票日まで十日あまりしかないのに、「第一党」は民主党でも自民党でもなく、投票先未決定者という異例の事態だ』(12月6日東京新聞朝刊)。

◎前回(2009年)の民主党のような勢いには到底及んでいない!

ここ1カ月ほどの世論調査で自民党は比例投票先で20−25%の支持率を得ている。ただしこの数字は、前回(2009年民主大勝・政権交代の衆院選)の時の、同時期の民主党と比較して10ポイント強低い。しかも、本選挙公示直前の調査では自民支持率は5ポイント前後急落した。(参考資料①参照)
自民党支持率が急落した分の8割超は無党派層に流れ、2割が第三極を中心とする他の政党に流れていると推定されている。多数政党が乱立したために、有権者は迷っている。
この状態では、**自民党が固い支持層を全員投票に動員できたとしても、無党派層の行動次第で選挙結果はひっくり返ってしまう**事態が十分に予想できる。(参考資料②参照)3年間、野党として地道な活動を続けてきた自民党の支持基盤は堅いが、無党派層を十分に取り込めていない——という弱点を克服できたわけではない。
この危険性は十分認識しておくべきである。
■参考資料①:本選挙vs2009年選挙の選挙直前政党支持率の動向
■参考資料②:本年7月の山口県知事選に見る無党派層、第三極の脅威
以上

自民大勝を示唆する数字とは裏腹に、この情報は質的には悩ましかった。理由は2つ。第1にこの数字を見た有権者が「そんなに有利なら自分は違う方に投票しよう」という意識を持つおそれがあること。第2に、自民党の候補者が「これなら大丈夫か」と気を緩めてしまうことだ。

こうした「優勢予想からの逆転」には選挙関係者ならよく知っているメカニズムがあり、現実に逆転が起こった事例は過去にいくらでもある。大敗した2009年の衆院選も当初は「自民優勢」だったのだが、結果は大逆転したのだ。

「これはまずい」と、コミ選でも皆顔を曇らせた。だが、報道を止めることはもちろんできるはずもない。そこへ、当時広報戦略局長だった新藤義孝《しんどうよしたか》氏から「全国の候補者にアラートを送る材料を作ってくれないか」と私へ直接電話での依頼が来た。新藤氏はその後第二次安倍内閣の総務大臣に就任するが、このときは、まさに衆院選を戦う候補者の一人だった。コミ選の立場からするとイレギュラーな依頼だったが、新藤氏とは茂木ボス時代の情報分析会議以来の長い付き合い、「安倍総裁にも承認をいただいている」とまで言われたので即断で受けた。

手元のデータを掘り返して「大敗した2009年総選挙直前の政党支持率・無党派層の動き」と「現在進行中の2012年総選挙直前の政党支持率・無党派層の動き」を比較す

るグラフを作り、「現在の自民党に、前回の民主党ほどの勢いがあるとは到底言えない！」という結論を導き出した。

この結果は、ムリヤリ弾き出したのではなく、本当にそう言えたのである。２００９年総選挙のときの民主党支持率は、投票日の10日前に一気に40％を超え、その推移には無党派層が一気に民主支持に回ったことがはっきり表れていた。ところが今回の自民党は、当時の民主党にくらべて平均支持率が10ポイントも低く、しかも公示直前に自民党支持から無党派に回った有権者が多い——ことを示していた。

しかも、序盤情勢調査の発表記事をつぶさに読むと重大な「但し書き」が書かれていた。「今回の調査は衆院選が公示された4日と翌5日という平日に、自宅に固定電話を持つ有権者を主な対象として実施したため、会社員や学生を中心とする無党派層の声を十分には反映していない可能性がある」（日経新聞）。「本紙が五日に行った衆院選の情勢分析で、有権者の約五割が投票先を決めていないことが明らかになった。投票日まで十日あまりしかないのに、『第一党』は民主党でも自民党でもなく、投票先未決定層という異例の事態だ」（東京新聞）。

「こんな調査結果を無責任に出すなよ！」と私は心の中で毒づきながら、最短時間で原稿を作った。「『自民優勢』世論調査結果の落とし穴【緊急警戒】」とタイトルされたアラートが新藤氏の手を経て全国に流された。

## 「選挙は熱伝導」

私は、朝9時からのコミ選が終わった後、都内や近郊の街頭演説の現場にもできるだけ足を運ぶようにしていた。銀座数寄屋橋《すきやばし》交差点、新宿、築地本願寺前など、国政選挙となれば「お約束」の街頭演説ポイントがある。各党各候補者は、主要な場所ではあらかじめ時間を決めて譲り合うことになっている。別々の党派の選挙カーがすれ違うときもふつうはエールを送り合う。テレビニュースに切り取られるのは「一刻も早く退陣してほしい」など激しい演説の場面ばかりだが、現場では意外と紳士的なのだ。

この仕事を通じて知り合った選挙プロフェッショナルは「選挙は熱伝導だ。候補者の熱が伝導して票につながるのだ」と教えてくれた。私はその「熱」を肌で感じて、私自身の分析力の糧としたかった。

自民党の街頭演説は熱かった。その一部はデイリー選挙リポートにも記録した。「12月9日16：00から浅草。安倍総裁の到着は予定より45分遅れたが、都議などの場つなぎ演説中も人ごみは散らないどころか増えていった。新人候補者の登壇のさせ方にも演出があったりして飽きさせなかった」などと記している。この浅草では女子高生が私の前に立っていた。「高校生でしょう？　選挙に興味あるんですか？」と尋ねてみると「安倍総裁の写真が撮りたいんです」と携帯を握りしめていた。そういうことを私は記憶にとどめていった。

冬の選挙である。全国遊説する安倍総裁の頬は赤くなり、やつれて見えた。私は「安倍総裁に短時間でも睡眠と栄養補給が必要」といったことまでデイリーリポートに太字で入れた。街頭で人目にさらされ、テレビではアップで撮られる総裁の「見た目」は大切な情報である。面やつれしても「凄み」が出るのは良いが「疲れ」が見えてはダメだ。

12月11日火曜日は、茨城県東海村まで足を延ばした。茂木ボス時代の広報戦略局長で情報分析会議メンバーだった梶山弘志《かじやまひろし》氏の個人演説会を聞くためだ。東海村は日本で最初に「原子の火」が灯《とも》った、日本の原子力研究の発祥の地だ。一方、東海村村長は東日本大震災をきっかけに「脱原発」を唱えていた。しかもこの前日、「敦賀《つるが》原発が活断層の上に建設されている可能性が高い」との調査結果が原子力規制委員会から発表され、原発に関する報道やネット上の議論がふたたび高まっているタイミングだった。

「どんな演説をするのだろう。大丈夫だろうか？」

私の心配など無用だった。圧巻だった。前半は、梶山氏を支部長と仰ぐ地元の県議・市議・村議が壇上に並び、半ばシリアス、半ば軽妙に前座を務める。県議や市議は地元に暮らし、地元の人をよく知っている人たちだから、壇上から小手をかざして見回せば知った顔がある。

投票日前に票を確定させるのにもっとも効果的な期日前投票のやり方を説明しながら、「お、斎藤のおばあちゃん、もう（投票は）行ったケ？　昔と違ってやり方は簡単になったんだよお。知ってっぺ？」

と方言交じりで語りかける。会場に笑いが湧いて場が和む。そこですかさず、いかり肩で若くて精力的なイメージの県議が一歩出て、

「マジメな話。できるだけ期日前投票行ってください。どうかお願いします」

と90度に腰を折って頭を下げる。

「よしわかった。行くぞ」という気にさせる。

この後が本番である。梶山氏が登壇し、応援県議などが退く。梶山氏は一人で40分間、正面から原発の話をした。メッセージの根幹は、

「原発は安全が確認されるまで絶対に再稼働させません」。

この話のあいだ、折々に拍手が湧く以外、聴衆はジッと話を聞き、話し手も聞き手も集中力が緩む気配はなかった。

「すごい個人演説会でしたね。リハーサルなんかしなくても、いつでもできるのでしょう

ね」——私と同行したスタッフが心から感心していた。

## 選挙戦最終日の高揚感

12月15日土曜日、午後6時過ぎの東京・秋葉原駅前広場は、冬の寒さと異様な熱気が混淆としていた。ここで選挙戦最終日の自民党の街頭演説会が開かれる。安倍総裁の到着は午後7時過ぎと通知されていたが、7時半より早く到着することはあるまい。

私は、電気街のあたりを一回りしてみた。秋葉原の街の角々から小さな日の丸を持った人びとが現れてくる。若い。女性も多い。その人たちが駅前広場に合流し、新しい人垣を作っていく。その外側にテレビカメラが並んで演壇を狙っている。人波が多くて、とても選挙カー周辺には近づけない。警察官が人びとを一ヵ所によどまないように絶えず誘導している。それを縫うようにして「反原発」「反戦」のチラシを配る人もいる。

選挙カーの上には真っ赤なスーツを着た丸川珠代《まるかわたまよ》参議院議員が立って絶叫している。「もうすぐ、もうまもなく安倍総裁が到着します……」を何度もくりかえす。

会場前方がどよめいて拍手と歓声があがった。麻生元総理が到着したのである。麻生氏はアニメファンなど秋葉原と親和性が高い人びとに絶大な人気を博す。選挙カー正面の群集のなかから一回り大きい日の丸があらためて何本も立ち上がった。

私は3日前のデイリーリポートに「最終日の秋葉原、麻生元首相にはくれぐれも安全運転演説をお願いしたい」とおせっかいな一言を記した。しかし、もはやそんな次元を超えていた。会場全体がただならぬ高揚感に包まれているようだった。

そして安倍総裁が到着し、精力的な足取りで、一気に壇上に上がった。

2012年の衆院選は、12月16日に投開票がおこなわれ、自民党が294議席を獲得して3年ぶりの政権奪還を果たした。公明党も議席を伸ばし、自公両党で325議席。一方、民主党は前回どころか、結党時の93議席をも大きく下回り、57議席と歴史的惨敗。公示前の230議席の4分の1以下に落ち込んだ。また現職8閣僚が落選するという異例の事態となり、年内解散に踏み切った野田総理への批判があいついだ。

まさに圧勝だった。

選挙期間最後の私の心配は「安倍総裁が日章旗に囲まれた映像がテレビで多用されるのではないか。そのことが投票日当日にマイナスイメージを生まないか」だったが、それは起こらなかった。よく考えてみれば、投票日前日の夜にテレビがそんな「冒険的報道」をするわけがなかった。私たちは、翌日から「平時」の情報分析と報告に戻った。選挙モードから復帰1週目、2012年12月18日～24日の週のトップニュースはダントツで「安倍政権」のトピックだった。

12月26日から特別国会が召集され、第二次安倍政権が発足した。安倍総理は新内閣を「危機突破内閣」と名付けた。

# 第４フェーズ
## (2013年１月〜７月参院選)

# 完全勝利
## ——IT全面武装で選挙に臨む

第二次安倍政権発足。勝った勢いを緩めず、７月の参院選に向けて１月から選挙態勢。蓄積した情報戦ノウハウを全力投入で臨む。初のネット選挙運動解禁の国政選挙。自民は候補者全員にタブレット端末を配付、ゲームアプリを入口にして有権者を政策サイトへ誘導。また、司令塔としてIT企業を巻き込んだプロジェクトチームを設置し、参院選圧勝。

## 情報世界の景色が一変

２０１３年が明けた。

前年の暮れにおこなわれた衆院選で２９４議席を獲得し、政権の座に返り咲いた自民党。年末には第二次安倍内閣が誕生し、「アベノミクス＝異次元の金融緩和」を打ち出して、選挙直後から株価はぐんぐん上がっていた。

しかしながら、安倍総理へのメディアの風あたりは強かった。「アベノミクス」に対する批判に始まり、安倍総理自身の体調についても言及して責め立てた。「金融緩和は大丈夫か」「インフレを起こしてどうするんだ」「前に政権を放棄したのに」などとあげつらった。経済政策の不安要素を挙げながら、返す刀で「経済よりも本当は安保や改憲をやりたいのではないか。危険だ」という論調もあった。

もっとも、新与党・新政権が発足したら「政策にメスを入れる」のはメディアのお約束である。２００９年秋に枝野氏と蓮舫氏を並べて、「(民主党政権の事業仕分けを) 今日はドーンとやる」と切り出した田原総一朗氏の番組と同じことだ。あのとき、一人の議員も出演できず、録画したコメント映像すら使ってもらえなかった自民党からすれば「一気に主役に躍り出た」ことで世界は変わった。思う存分露出して、言いたいことはなんでも言える立場をついに奪い返したのだ。

そのポジションパワーをテコにして、批判を払拭《ふっしょく》し、第二次安倍政権のリーダーシップを国民に強く訴えかける機会がいきなりやってきた。新年早々の1月16日に起こった「アルジェリア邦人人質事件」である。同国の天然ガスプラント施設がイスラム武装勢力に襲われ、日本人10人を含む多数の人びとが犠牲になった。事件当時、外遊のためベトナムを訪れていた安倍総理は、急遽政府対策本部の設置を指示して「断じて許すことはできない」と犯行グループを非難。逡巡することなく政府専用機を救出のために送り、犠牲者の遺体と生存者を日本へ帰国させた。即断・即決・即実行で事態を収束させた手際は高く評価され、アベノミクスにからめた政権批判は消し飛んでしまう。

テレビ報道の扱いは〝迅速に危機対応をした安倍政権〟というイメージにひっくり返り、追い風を受けて通常国会に入ることができたのだった。

政治情報世界の景色はガラリと変わった。

## 参院選勝利に狙いを絞る

第二次安倍内閣発足にともない、党の幹部人事も交替があったため、情報分析会議のメンバーにも入れ替わりがあった。広報本部長には小池百合子《こいけゆりこ》氏が2度目の就任。そして平井卓也氏が広報本部長代理兼ネットメディア局長、古川禎久《ふるかわよしひさ》広報戦略局長、中山泰秀《なかやまやすひで》報道局長、藤井基之《ふじいもとゆき》新聞出版局長、関芳弘《せきよしひろ》副幹事長――つまり、新しい分析会議は小池本部長を中心に、この分野で党内一番の実績を積んだ平井局長が実務を取り仕切る「小池―平井体制」の布陣で臨むことになった。小池氏と平井氏は互いを「アネさん」「タクちゃん」と呼び合う名コンビだ。

年明け早々の1月8日、私は「テレビ・ネット報道分析　第4フェーズ企画素案」を、広報本部のネットメディア局に対して提案した。衆院選に大勝した直後ということで自民党は全体的に雰囲気もよく、やる気がみなぎっていた。この企画素案も、「これからの対策案を早く出してほしい」と党側からせっつかれて提出したものだった。

与党になれば情報分析の考え方も変える必要があった。野党時代は、ひとつの党として情報世界のなかで、「与党の位置を目標に少しでも高く昇る」ための分析をすればよかった。政策面でも「与党のダメはどこにあるか」を見ていくのが中心だった。しかし今度は党としては「自分で目標位置を定めてそこへ向かう」ことになるし、政策面では「政府と党の2つの立場に分かれて協力し合いながら隙を作らない」ことが目的となる。つまり、追う者の情報分析から追われる者の情報分析に変わるのである。目配りしなければならない範囲は、政治から行政の全分野、内政だけでなく外交も、しかも直接は日本に波及しないような国際情勢までウォッチする必要が生じる。

とはいうものの、これらは政府と党全体の話で、私たちのコンパクトな情報分析会議では到底カバーし切れる範囲ではない。そこで狙いは「参院選勝利のための情報分析会議」と明確に絞った。参議院は任期6年で解散はない。3年に一度、必ず半数が改選される。2013年に参院選がおこなわれることは確定していて、今回改選される参議院議員の任期満了は7月28日と決まっているため、必ずそれまでには選挙がおこなわれる。なにより参院で過半数を取ることではじめて安倍政権の基盤が確立する。衆議院と参議院の両方で安定した過半数を得ること、すなわち「ねじれを解消」できるのとできないのとでは国会運営のスムーズさがまるで違うのである。

小池広報本部長と仕事を一緒にするのははじめてだった。狙いを絞った提案書を説明すると「やりましょう！」と即決で賛同してくれた。一月ほど一緒にやっているうちにこの会議の重要性を実感していただけたらしく「もっとやりましょう！」とのってきてくれた。

### キーファクターは第三極とネット選挙

当然ながら、「選挙での勝利」を目標に対策を立てるわけだが、そのために何をやるのかということを考えた場合、2つのキーファクターがあった。

1点めは、「維新台頭」である。橋下徹大阪市長を中心に「第三極」「第三の勢力」として注目を集めた大阪維新の会は、2012年9月、国政に進出する全国政党として日本維新の会を設立していた。ここには、自民党・民主党・みんなの党からそれぞれ離党した国会議員が加わり、さらには石原慎太郎《いしはらしんたろう》元東京都知事が立ち上げた太陽の党も合流。参院選では台風の目になるのでは——という危惧があった。これからは民主党と同じぐらい、いやそれ以上に彼らの動向を分析する必要性が増すのは必至な情勢だった。

もう1点は、「ネット選挙運動の解禁」だ。改正公職選挙法が成立し、この参院選からネットを利用した選挙運動が可能となった。本格的なネット選挙に向けて、打てる手はあまさず打とうということだ。

特にネット選挙については、この時点で「実際なにがネット選挙なのか」の理解はよく浸透していなかった。「ネット選挙」という言葉からは「ネットで投票できる」というイメージを抱くのが当たり前なのだが、改正された公職選挙法の中身は全然違った。従来の電話、ポスター、ビラなどの概念が、電子メール、ウェブ、ネット動画などに拡張された——というのが正味のところで、細かい運用には首を傾げたくなるような制約が付く。党本部のベテランの選挙専門家でさえ理解に難渋することを、選挙前までに全国の支部と候

## 2012年12月衆院選時の各政党のソーシャルメディア動向（YouTube/Twitter/Facebook）

YouTube（動画再生回数の合計）

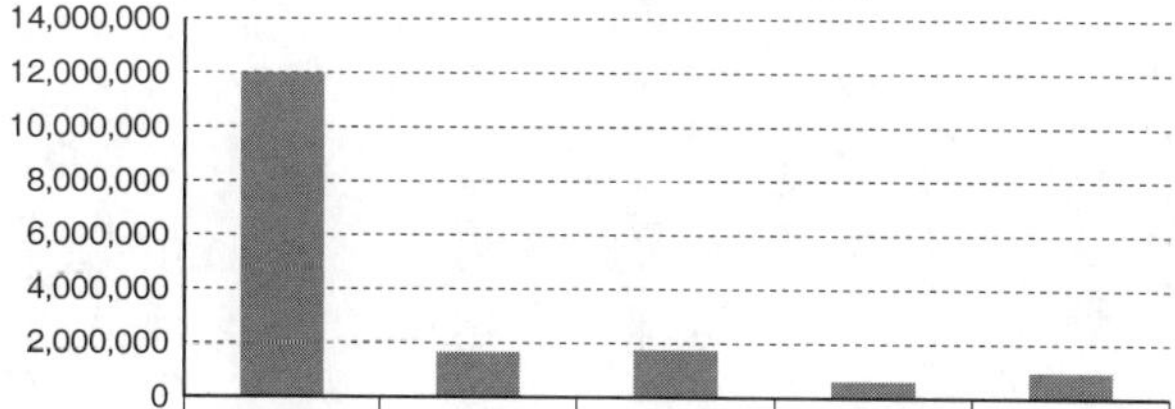


| | 自民党 | 公明党 | 民主党 | 日本維新の会 | みんなの党 |
|---|---|---|---|---|---|
| ■ YouTube | 12,029,259 | 1,663,979 | 1,806,769 | 686,701 | 969,974 |

Twitter（フォロワー数）

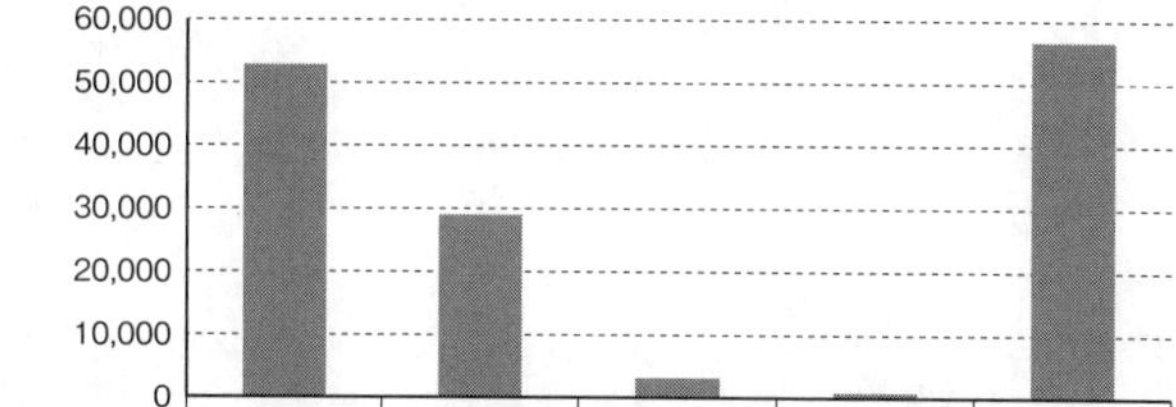


| | 自民党 | 公明党 | 民主党 | 日本維新の会 | みんなの党 |
|---|---|---|---|---|---|
| ■ Twitter | 52,373 | 28,808 | 3,006 | 963 | 56,212 |

Facebook（いいね）

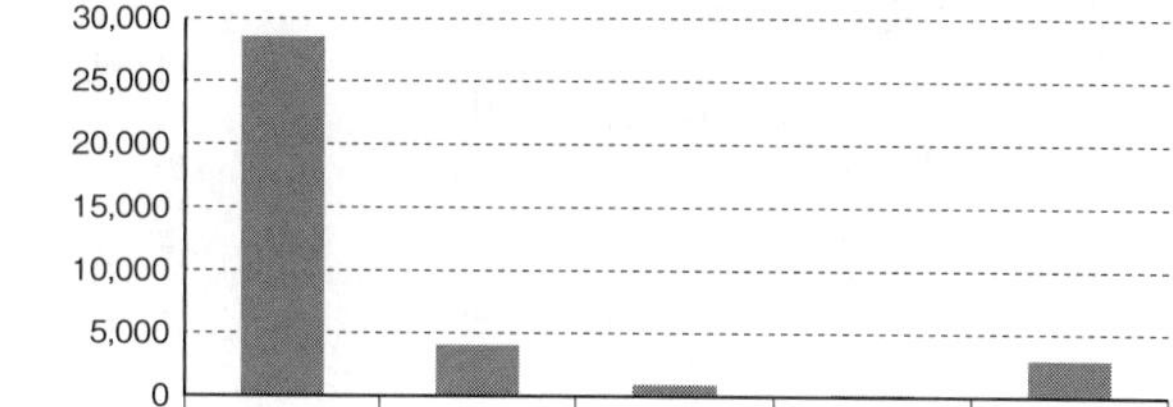


| | 自民党 | 公明党 | 民主党 | 日本維新の会 | みんなの党 |
|---|---|---|---|---|---|
| ■ Facebook | 28,534 | 3,969 | 861 | 0 | 2,827 |

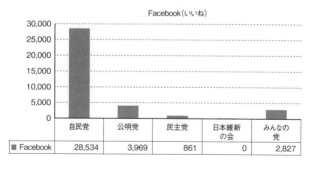

補者に浸透させなければならない。自民党は自前のネット放送スタジオを持ち、YouTubeの公式チャンネルに映像コンテンツも蓄積し、フェイスブックやツイッターを使いこなす議員も多く、ネット利用度では他党を突き放してダントツの位置にいたが、そういうことは別次元の新しい課題だった。

## 「いつも見られている」

与党として臨む参院選で、かつネット選挙解禁ということは情報露出面でも独特の気配りが必要になる。

参院選での戦い方は衆院選とは微妙に違う。参院選の候補者は、医師・看護師会や業界団体などの組織にバックアップされて出馬するケースが多く、組織票が大きな意味を持つ。地方首長などの経歴を積み固い地盤を持つ議員も多い。衆院選にくらべると変動要素ははるかに少ないともいえる。基本的に票読みはしやすいが、それはどの党も同じ状況だ。そんな状況のなかで議席を増やすためには、浮動票をしっかり取り込んでいく必要がある。そこは選挙のプロの仕事だが、その前提として、テレビやネットの露出で、「自民党が良い」「自民党候補に入れよう」という強いアピールがどれだけできているか——を少なくとも掌握しておく必要がある。これはまさに情報分析の仕事だ。

野党時代とは違って単に露出度が高いだけではダメで「好感度の高いアピール」をおこなう必要がある。この点は「与党になったら野党のとき以上にいつも見られている、聞かれている」ということの裏返しだ。昔と違って見ている・聞いているのは、新聞やテレビ、週刊誌などの記者だけではない。一般の人びとがいつでも、どこでも「監視」している。

民主党政権時代の松本復興担当大臣や柳田法務大臣が、ほんの短い失言映像から失脚したときは、いずれも「プロの映像」が基になっていたが、それをネットに再掲載してあっという間に世の中全体に広げたのは無名の市井の人びとである。

2012年から2013年のこの時期はスマホが爆発的に普及していく真っ最中で、誰でも写真や映像を撮ったり録音したりして、しかも世界中に無制限に広める手段を持てるようになった。

しかもそれが消せない。一度ネットに流出した「不都合な」写真や映像は、たとえ削除依頼を出して一時は消せたとしても、「消した」という行為が興味を引いて、またすぐに別の誰かが映像を投稿する。無限のくりかえしとなる。

ある政治家の、問題になりそうな行動を映した写真や動画は、その政治家を快く思っていない人びとや敵対する勢力によってコレクションされている――もはやそう言っても過言ではないかもしれない。

菅直人総理大臣時代に「君が代を歌う・歌わない論争」というのがあった。菅氏が「君が代を歌わない」と表明したという事実の有無について自民党の平沢勝栄《ひらさわかつえい》議員が質問したのだが、菅氏はそのときいつものイライラした調子で「そんなこと、証拠があるなら出してください」と切り返した。国会質疑はそれで終わったが、YouTube にさっそく「証拠出てきました！」とタイトルされた映像が上がった。菅氏がラジオ番組で「君が代は歌わない」と述べている場面の録音だった。その録音こそ平沢氏が国会で問題にしながら証拠を出せずに躱《かわ》された「君が代を歌わない」場面にドンピシャリだった。ちなみにその映像は国会質疑ほかの絵や過去の静止画とコラージュされた長尺の労作に仕上がっていた。

こんな事例を情報分析会議で説明したとき、平井氏が「プライバシーはないと覚悟を決めるしかないな」とうめいた。そして「ネット選挙ではこういう手法を使った誹謗・中傷が横行するリスクがじゅうぶんあるから」とまわりの議員に言い聞かせるように補足してくれた。

これまでは分析の対象でしかなかったネットの書き込みや映像が、政治の正念場である「選挙の武器」になる。ネット選挙解禁とはそういうことも意味していた。

## 露出は大胆かつ上品に

というわけで、野党時代の初期に採用した「悪名は無名に勝る」ような作戦はリスクが大きくてもはや使えなくなった。かといって露出を控えていたら好感度を得ることもできない。「露出は大胆かつ上品に」、それが条件だ。

この面でも安倍総理がリーダーシップを発揮してくれた。ゴールデンウィークには、「ニコニコ超会議」に政党として出展が決まっていた。幕張メッセでおこなわれる参加型ネットイベント「ニコニコ超会議」——そこに集う「ニコニコ動画」のユーザーたちが自民党と親和性が高いのは、ニコニコ動画が実施する世論調査での自民党支持率が高いことから経験的にわかっていた。こういう場に安倍総理に出演してもらえれば「ネットでの好感度」に大きなプラスインパクトとなる。

安倍総理は外交日程を調整し「ニコニコ超会議」への出演を受けてくれた。この調整は、情報分析会議の立ち上げメンバーだった世耕氏や、政権奪還の衆院選のときの情報分析会議のボスだった加藤氏が、官房副長官として、官邸側で、見えないところでバックアップしてくれた結果と思う。安倍総理はその後も、番組終了直前の「笑っていいとも!」に出演するなど「大胆な露出」面も積極的に先導している。

「自民党の議員と政策への親近感を拡大する」ことを目標に、実現はしなかったがつぎのようなアイディアも出した。

自民党の〝若さ〟の象徴ともいえる、小泉進次郎議員や丸川珠代議員に街へ出てもらって街頭突撃インタビューを決行、アポなしで商店を訪ねて「自民党、好きですか？　嫌いですか？」「アンタは素敵だけど、なんだか自民党は嫌いだねえ」「なぜですか？　どうしたら好きになってもらえますか」などという問答を映像撮りし、ネットに上げていく。北は北海道から南は沖縄までキャラバンする。時には「帰れ！」と怒鳴りつけられることもあるだろう。そういうシーンも公開してしまう。この発想は、2012年6月に実施した「12時間カフェスタ」の延長線上にある。自民党に対する「ありのままの反応」を見せて、オープンな政党をアピールしようという考えだ。

AKB48の「恋するフォーチュンクッキー」の自民党版映像を作ろうというアイディアも出したが、2013年に入ってからでは「旬」を過ぎていた。

**「ネット選挙ビジネス」という誤解**

4月20日付の日経新聞に「ネット選挙商機に」という記事が掲載された。ネット選挙運動が解禁になることでいろいろなビジネスチャンスが生まれている――という動向解説だ。記事のなかではSNSの使い方指南から「炎上・なりすまし・誹謗中傷」などのリスク対策までさまざまな企業が紹介され、「事業拡大観測から（株式市場では——引用者注）関連銘柄が軒並み上昇した」とまで書いてある。

たしかにこのころ、多くのＩＴ系企業が自民党にアプローチしていた。名前の通った大手はもとより地方のソフトハウスまでが国会議員の地元事務所などを経由して売り込みにきた。自民党本部の窓口役となった平井氏が、あまりの数の多さにたまりかねて「おまえも手伝え」と、私まで駆り出されたこともあった。平井氏の訪問客に私が名刺を渡すと「聞いたこともない名前の会社のこの男がなぜここにいるのだろう？」と、だいたい不審に思われる。「まあ……オレのアドバイザーだよ」と平井氏がアバウトに説明すると余計に不審に思って、私の名刺をじっと見つめていたりする。

じつは私はＩＴにもＩＴビジネスにもかなり詳しい。彼らが提案する、ＧＰＳを使って運動員が活動した履歴を地図上に再現できる機能を組みこんだ選挙管理システムなど、ひとつひとつは面白い。だが２つの点でズレていた。

ひとつは、政治の現場が現実に使いこなせるシステムの範囲を見誤っていること。どんなコンパクトなＩＴシステムであっても、効果的に使うためには、機材やソフトを設定したうえ、運動員に使い方を教え、トラブルに対応し、データの流出などにも気をつかう——といった運用管理が必要になる。新しいネット選挙のルールを浸透させるだけでもたいへんなのに、数ヵ月後の選挙を控えた段階で、そんなことまで手が回るはずがない。

もうひとつは、「市場を見誤っている」こと。国政選挙といっても、3年に一度の参議院選挙で改選される人数は121人である。一般に参院選では候補者1人当たり数千万円の資金を要すると言われているが、その大半は事務所費や労務費、印刷・広告費、食糧費やその他雑費に充てられて予算はいっぱいいっぱいである。使途や上限が法で制約されているし、もちろん、法にのっとって報告もしなければならない。仮に、候補者1人当たり5000万円の費用を見積もり、その5％を情報システムに割くとして121人で約3億円である。それはIT業者にとって開発や保守の負担に見合う市場規模なのだろうか。

この2つの点に照らして「自分たちが全面的にサポートして絶対に当選させます」くらいの約束をする覚悟がなければ、技術的には「パソコンとネットとスマホを組み合わせれば簡単」に実現できたとしても、そう簡単に売れはしないし、儲けるのは至難のワザだ。

いろいろな会社の提案を聞いているうちに、「入口は赤字でもいい。与党に食い込めば、いずれ巨額のカネを手に入れられるのではないか」という期待があるのだなと思えてきた。ここで自民党とコネクションを作っておけば、いずれ行政情報システムなどの受注につながって巨額の利益が見込める——というシナリオだ。

「政治とカネ」問題がこういうイメージにつながっているのだろうな——と私は思った。

政治とカネは悪玉トピックの典型だが、そこではいつも巨額のカネが取り沙汰される。「自分は不正をする気は毛頭ないが、政治の世界には巨額のカネが流れていると見える。自分もそのカネに近づければ……」と野心を抱くのは、ごく自然なことだ。でもその野心が高じて、あるとき一線を踏み越えてしまうから「政治とカネ」問題が起きるのである。

加えて、与党と政府、党と議員との関係は、「親会社と子会社」「会社と従業員」といった関係とは違う。しかるべきボタンを押せば全体が動きはじめるといった、わかりやすい仕組みではない。国会議員、官僚、党職員など……いずれかのチャネルから取りつくことができたとしても、その先は迷路のように入り組んでいる。この道を上手に抜けていくだけでも相当骨が折れる。

どうしても公共市場に参入したければ「入札」という入口もあるのだが、たいていの場合「価格のたたき合い」になってしまって儲からない。入札条件として過去の実績が前提になっている場合も多いので、大きな案件に入札する資格を得られるまでにも長いステップを踏まなければならない。そしてここにも「談合」とか「予算情報の不正な入手」といった危険な誘惑がある。

「政治になんか近づかずに、企業や消費者を相手に商売した方がいいぞ」——自分の仕事を棚に上げて、平井氏の隣で私はそんなことを考えていた。平井氏もそんなことを言ってほしくて私を呼んだのかもしれない。

ここで「偉そうなことを言っていて自分はどうなの？」という声が聞こえてきそうなので、自民党の情報参謀としての私の報酬についても一言ふれておきたい。情報分析の仕事で私が莫大なコンサルタント料を自民党から得ているのではないか——そう誤解する方もおられるかもしれないが、報酬は実費プラスアルファ程度である。事実上24時間待機を強いられるうえ、エム・データ社の現場スタッフなどのキツイ労働を考えれば「持ち出し」になることも少なくない。それでも自民党の基本姿勢を支持するからこそ、半ば自発的に働いている。自民党を応援することが日本を良くすることにつながる——それに多少なりとも貢献したい、本気でそう思っている。

## T2の誕生、組成と位置付け

2013年6月19日、「自民党がネット選挙の専任チームを発足」という記事が新聞やネットニュースに流れた。

以下、長くなるが、日本経済新聞の記事から引用しよう。

自由民主党は2013年6月19日、参院選でネットを活用した選挙活動を推進する特別チーム「Truth Team（T2）」を発足させた。主な業務は、自民党と立候補予定者79人に対するネットでの書き込みを分析、監視すること。書き込みの分析結果は毎日、立候補者に伝えて、機動的な選挙活動やネットでの情報発信に役立ててもらう狙いだ。Truth Teamという名前はバラク・オバマ米大統領が大統領選で立ち上げた「Obama Truth Team」にちなむという。

チームのトップにはIT政策を担当する平井卓也衆院議員が就任した。チームは自民党のネットメディア局の議員約20人のほか、選挙スタッフやITベンダーのスタッフらで構成する。顧問弁護士2人も参加し、誹謗中傷の書き込みを発見した場合は、速やかに法的手段を取ったり削除要請をしたりするかを協議し、決断できるようにする。立候補者らがアカウントを持つFacebookやTwitter、ブログのほか、2ちゃんねるなど一般の掲示板も分析、監視の対象にする。

選挙のコミュニケーション戦略を担当する小池百合子広報本部長（衆院議員）はチーム立ち上げの理由を「誹謗中傷への対応だけでなく、（ソーシャルメディアを）インタラクティブに活用していくため」と解説。（中略）立候補者全員にタブレット端末を配り、毎日配信するリポートを同端末で見ながら、情報発信などに役立ててもらう。チームには技術支援でITベンダー6社が参画した。タブレット端末やOSなどI

自民党本部に設置されたT2（写真提供：共同通信社）

T基盤を提供する日本マイクロソフト、分析システムなどを動かすクラウドを提供するセールスフォース・ドットコム、口コミ分析を行うホットリンクやNTTコム オンライン・マーケティング・ソリューション、口コミ監視のガイアックス、口コミ分析やネットでのPR戦略などを手掛けるパースペクティブ・メディアである。

自民党本部のウェブサイトでは「We stand for Internet Democracy——国民の皆様の思いがより反映される自民党となるため、私たちは最先端のIT技術を駆使して、新しい政治のカタチをつくっていきます」と宣言した。

T2は、第2フェーズ、第3フェーズと企画提案はしたもののなかなか実現できなかった

「ITを活用した情報共有の仕組み」をついに実現したものだった。その機能や装置は先に引用した記事にまとめられている通りだ。

私の会社「パースペクティブ・メディア」は記事の末尾に名前が出てくる。「口コミ分析やネットでのPR戦略などを手掛ける」と紹介されているのは、プレスリリースを作るときに「そのくらいの表現でボカしておいてほしい」と私の方で要請したためである。「クチコミ@総選挙２００９」以来、なかなか表舞台に登場させられなかったホットリンク社も名を連ねている。

記事には出てこないが、T２の元請けは電通だった。NTTグループ企業からベンチャー企業まで、このくらいの大所帯になると、契約や進行管理の実務面でじゅうぶんなポジションパワーのある企業でなければまとめ役は務まらない。

電通と正面切って仕事するのはこのときがはじめてだったが、5月から打ち合わせを重ねるうちにすっかり打ち解けた。私も3年越しの情報分析会議のノウハウを提供した。

T２の活動については、存在そのものが自民党のアピールにつながるため、一部メディアの取材も受け入れる方針となった。記者会見ではおそろいのTシャツをつくって小池、平井両リーダーがにこやかにポーズをとった。

## スマホゲームも投入

第23回参議院議員通常選挙は、7月4日公示、7月21日投開票という日程に決まった。前年末の衆院選に続いて、今回も実質的な選挙戦の口火を切ったのは、ニコニコ動画のスタジオ「ニコファーレ」での党首討論である。安倍首相は「政治が変わり、経済が動きはじめた。復興も加速している。参院選で勝ってねじれを解消する」と力を込めて訴えた後、「詳しいことは自民党アプリで読んでください」と呼びかけた。

このとき自民党は「あべぴょん」というスマホ専用の無料ゲームアプリと、選挙公約などを伝えるアプリをリリースしていた。ゲームは安倍首相をモデルにした「あべぴょん」というキャラクターをうまく動かして空中階段をジャンプしながら、どこまで空高く上がれるかでポイントを稼ぎ出世していくというストーリー。踏み外したら終わりである。一定のポイントを獲得するたびに「大臣政務官級」「副大臣級」などと役職が上がっていく。そのタイミングで自民党の選挙公約が出てきて選挙情報のアプリにリンクする仕掛けも組み込まれている。自民党のイメージ一新と実益の双方を兼ねている。

単純なゲームなのだが、やってみるとなかなか難しい。副大臣級より上へはなかなか行けないのだ。なんとなく政治家としての出世や選挙の当落を思い起こさせて面白い。この

ゲームアプリ「あべぴょん」

ゲームアプリは20万を超えるダウンロード数という人気を博し、YouTube上には、総理大臣級まで行ったプレイの動画まで投稿された。

このゲームを開発した理由、もちろんそれは、一般の人びとにダウンロードしてもらうことで一人でも多くの人に自民党の選挙公約などを読んでもらうためだ。サイトに選挙公約を載せていても、誰も見に来ないのではしょうがない。そこでゲームを作り、ゲームを入口として選挙アプリを見てもらおうという、平井氏のアイディアから生まれたものだった。

安倍首相は、ネット選挙を意識したコメントを、ネット討論会という最適な場面で効果的に打ち込んでくれた。

### 毎朝の会議で「今日の打ち手」を決める

今回の参院選でも情報分析の結果を選挙活動に反映させていくための「コミ選」が立ち上げられた。コミ選には小池氏、平井氏のほか、安倍総理の政務担当秘書官である今井《いまい》尚《たか》哉《や》氏、加藤勝信官房副長官らが集まり、T2から情報を聞き議論する。

選挙期間に突入すると、土日も通して毎朝10時から会議がおこなわれる。私をはじめ各スタッフは朝6時半ぐらいからスタンバイしている。メンバーはそれぞれに忙しい人たちばかりだから、会議はせいぜい15～20分程度である。

コミ選の会議ではまず、前夜から当日朝までのテレビ報道について説明をおこなう。例えば選挙公示日の翌朝。各党の代表が「第一声（選挙期間中最初の街頭演説）」を上げた映像がニュースのなかで何度もくりかえし流れた。これを私は「公明党の山口代表が、結び目を作った大きな布を頭上に掲げて『ねじれ、解消！』と唱えながら引き解くシーン、あの動作と道具はよく工夫されているので非常に印象に残ります」とまず強い情報として解説する。

つづいて「しかし『ねじれ解消』は永田町の論理です。あまり強調すると『結局政治家の都合なんだな』と反感を生みかねません」と情報の質的評価を述べる。そして「だから別の言葉を前面に出したいです。例えば『選択肢はほかにない』『自民党以外は選べない』などはどうでしょうか」と代替案を示唆する。

前夜におこなわれた党首討論は公平でも、その映像の一部を切り取った翌朝のニュースでイメージが偏った日もある。「今朝の映像の組み立ては、共産党の志位《しい》（和夫《かずお》）さんの

『アベノミクスに家計の所得を増やす矢はない。所得を奪う毒矢ばかりだ』という発言がめだつように配置されていました。『毒矢』という言葉が効いています。これが膨らむとイヤですね」などとコメントし、会議メンバーで毒矢を消す（あるいは対抗する）方策を議論する――といった具合だ。

そうしたうえで、「今日の打ち手」というのを決める。「今日の打ち手」は、その日の演説の決めゼリフになるような短い一言であることが多い。その一言が加藤官房副長官や今井秘書官ら〝側近〟を通じて安倍総理の演説にも反映されていくのである。

自民党本部内にある記者クラブ「平河クラブ」に常駐する新聞やテレビの記者は、話の内容が知りたくて、入れ替わり立ち替わり、こっそりと部屋の様子をうかがいに（「カベミミ＝壁耳」取材という）やってきた。

## 選挙戦の完成形に近づく

選挙の全候補者にはアップルのタブレットiPadを支給して、コミ選が作成したリポートをリアルタイムで共有できるよう、選挙戦におけるあらゆる情報を発信した。「今日の打ち手」を含めたその日の情報分析の結果が、ネットを通じて各候補者のタブレット端末に送られていく。

タブレットを使った選挙戦（写真提供：朝日新聞社）

最新のニュースや党からの情報、「今日の打ち手」のほか、ツイッターなどＳＮＳでの情報動向、演説に役立つ資料集などを毎日更新していた。これらの情報は、「自民党ダッシュボード」という専用アプリを使って簡単な操作で見ることができた。忙しい選挙期間中でも、画面をタップすれば簡単に最新情報にアクセスできるわけだ。もちろん、アプリは今回の選挙のために新しく開発したものだ。「デイリーリポート」や「今日の打ち手」のバックナンバーもすぐに読めるようになっていた。

「タイムリーな演説材料が毎日更新されるので、演説でとても役に立った」「どの言葉に気をつければいいのかが党公認のかたちで示されているので助かる」などといった意見が候補者から寄せられるたび、私たちは手ごたえを感じていた。

なにより最大の効用は、参院選という国政選挙で、全国の候補者に党の統一方針をしっかり伝えられたということだろう。

T2とコミ選、スマホアプリやスマホゲーム、タブレットを使った情報共有システムを構築したことで、党が発信したい情報と候補者が求めている情報を嚙み合わせることができた。2009年以来追求してきた「情報分析と広報の仕組み」は、このときの自民党の戦い方で一つの完成を見たのではないかと思う。

## 市民運動系候補の台頭

この参院選期間中、大勢に影響はなかったが非常に気になった新ファクターは「市民運動系候補の選挙活動ぶり」だった。

まず、山本太郎《やまもとたろう》氏とその支援勢力である。もともと俳優の山本氏は2012年の衆院選に初立候補し、落選したものの「反原発・反戦」の激しいメッセージを打ち出し、「悩んだ末に円形脱毛症になった」などのパフォーマンスでもアピールした。このときの参院選にも立候補し、「本当のことを言って何か不都合でも?」の選挙コピーで、派手で新しい選挙ムーブメントを起こした。別の独立系候補でミュージシャンの三宅洋平《みやけようへい》氏が渋谷ハチ公口で選挙運動として開催した「選挙フェス」のすぐ近くに選挙カーを停めて合間合間に演説（手法自体は「幕間《まくあい》演説」と呼ばれ昔からある）をおこなったり、自分の全行動を長時間にわたってネットメディアで中継したりした。

山本氏と三宅氏が組んでいるだろうことは、その協調行動ぶりからすぐわかったが、めちゃめちゃに暴れているように見えて、人を巻き込んだり、情報をばらまいたりする方法がよく練られていると感じた。

杓子定規に考えれば、本来カネをとって音楽を聞かせるミュージシャンが、その行為を選挙活動に使うことは「カネで釣っている」のと同じことであるから選挙違反である。三宅氏は自分はトス役として確信犯で選挙フェスを開催しているようだったし、山本氏も「たまたま隣接してたまたま音楽の途切れたときに演説していた」という言い訳が通りそうだった。

その後、２０１５年の国会・安全保障関連法案決議のときに喪服で安倍総理に手を合わせるなど、山本氏の奇矯な行動はご存じの通りである。一方、三宅氏は、翁長雄志《おながたけし》沖縄県知事（自民党だったが突然豹変して共産党などの支持を受けた）が当選した沖縄県知事選のときも時期を合わせて、沖縄で音楽フェスを開き「基地反対」を唱えたり政治がらみの活動を続けている。

**ソーシャルメディアのフォロワー数**
**YouTube / Facebook / Twitter / Google+ / LINE**

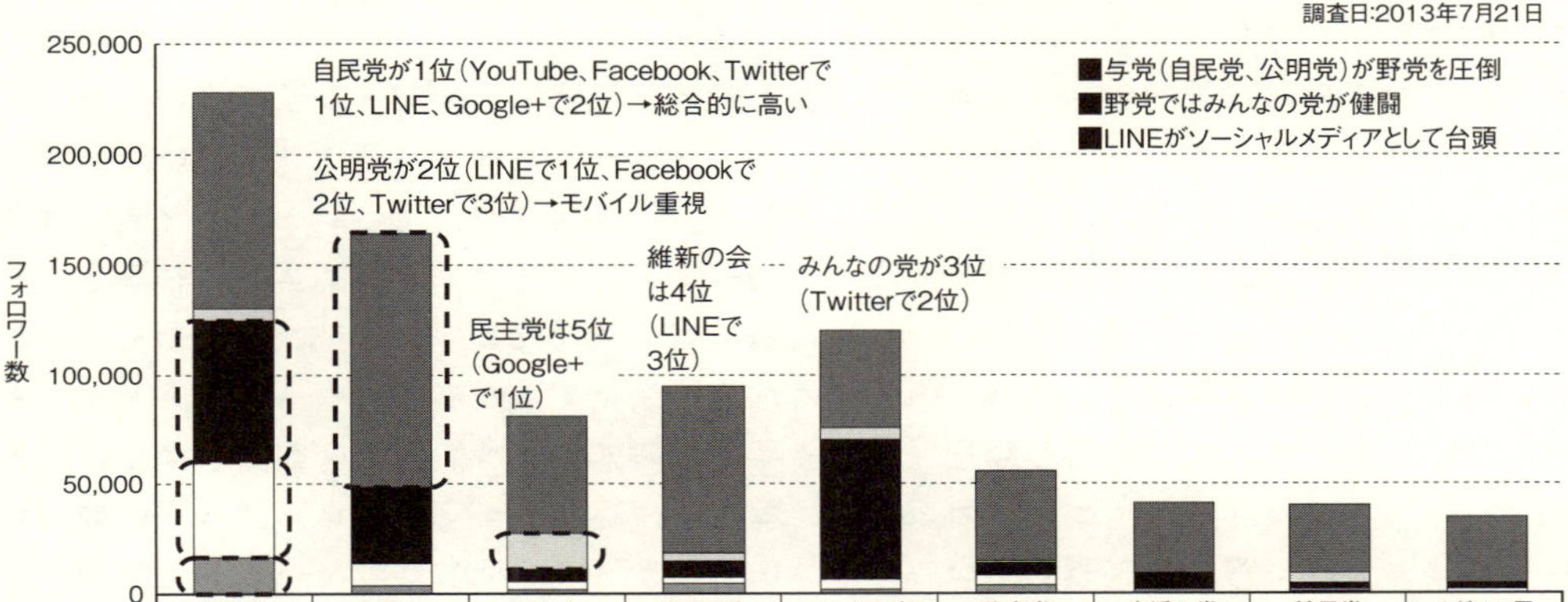


調査日:2013年7月21日
250,000
200,000
150,000
100,000
50,000

自民党が1位（YouTube、Facebook、Twitterで1位、LINE、Google+で2位）→総合的に高い
公明党が2位（LINEで1位、Facebookで2位、Twitterで3位）→モバイル重視
民主党は5位（Google+で1位）
維新の会は4位（LINEで3位）
みんなの党が3位（Twitterで2位）
■与党（自民党、公明党）が野党を圧倒
■野党ではみんなの党が健闘
■LINEがソーシャルメディアとして台頭

| | 自民党 | 公明党 | 民主党 | 維新の会 | みんなの党 | 共産党 | 生活の党 | 社民党 | みどりの風 |
|---|---|---|---|---|---|---|---|---|---|
| LINE | 97,637 | 116,239 | 53,509 | 76,480 | 45,136 | 40,429 | 32,176 | 30,795 | 29,479 |
| Google+ | 5,165 | 0 | 16,478 | 3,953 | 5,136 | 1,000 | 136 | 4,188 | 6 |
| Twitter | 64,818 | 34,673 | 5,823 | 7,121 | 64,091 | 5,402 | 7,300 | 3,048 | 3,293 |
| Facebook | 44,500 | 9,777 | 3,197 | 2,604 | 4,753 | 4,578 | 524 | 861 | 1,620 |
| YouTube | 16,019 | 4,071 | 2,028 | 4,543 | 1,536 | 3,919 | 1,416 | 1,020 | 98 |

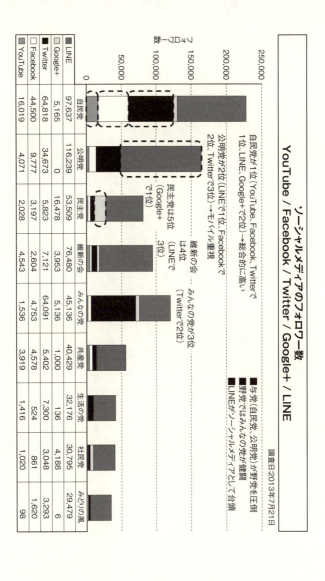

このような運動方法は、この選挙ではまだマイナーな存在だったが、同年秋の「特定機密保護法」の反対運動や、２０１５年夏の「安保関連法案」反対運動の国会前デモなどにつながっていく。国会前デモで有名になった学生団体ＳＥＡＬＤｓ《シールズ》もこの系譜に位置づけられる。

特徴は、ネットを使うのが上手であること。２０１３年参院選の音楽フェスも、２０１５年夏の国会前デモもネットを駆使して扇動した。ＳＥＡＬＤｓのウェブのデザインや表現はなかなか洗練されていて若い世代の興味を引く。国会前集会のアジテーションのリーダーが「スマホでアジ原稿を読みながら演説している」ことも象徴的である。２０１６年春の「保育園落ちた日本死ね!!!」もブログ発でネットで一気に拡散した。

この選挙では共産党も一気にネット選挙運動の流れに乗ったことも特筆しておきたい。共産党は選挙公示直前、同党ウェブに「ただしい政策、たのしい政治を世の中にカクサン(拡散)すること」が使命とするバーチャルキャラクター組織「カクサン部」を設置した。カクサン部には部長・賀来《カク》三四郎《サンシロー》以下8名の部員がおり、ネット動画などを通じて共産党の考え方を広める役割だ。キャラクターの姿や性格付けがよくできているために話題を呼び、選挙とは無関係に「おもしろい存在」としてはやされた。

ネットを上手に使った、とまでは言えなかったが、この選挙期間のド真ん中、7月16日に菅元総理が安倍総理を名誉毀損で訴える——という出来事もあった。安倍総理が一国会議員だった2011年5月に「菅総理の（原発事故初動対応のときの）海水注入指示はでっちあげとメルマガに書いた内容に何度も抗議したのに依然として消されていない」ことに噛みついたのだった。その訴えを自分のブログに上げて公表した。メディアには取り上げられたものの、「常識外れの行動」として評価は低く、自民党コミ選も「黙殺」の判断を下した。実際2日もすると情報は消えかかっていたが、それでも菅氏はくじけず「比例は自民党に投票しない『落選運動の呼びかけ』」をブログに書いた。これも奏功しなかったが、菅氏も市民運動出身者らしい「しぶとさ」を見せた。

ネット選挙運動の解禁をきっかけに新しい試みに取り組んだのは、自民党だけではなかったのであった。

## 自民党の完全勝利

とはいうものの、選挙序盤から一貫して自民党優位の情勢は揺らがなかった。もちろん締めるべきところは締め、油断なく情報分析を続けたが、この選挙に関してはほぼ盤石の態勢のまま最終日が近付いてきた。

T2の仕事は、投票日前日、つまり7月20日の朝の会議が最後となった。

もはやすべきことはなかった。最後の日まで、すべてのメカニズムが計画通りに働いた。投票日前日の朝のテレビ報道量1位のトピックは「ウナギ価格高騰・値下げ競争 代替品が活況」という平和な話題だった。「明日、参院選投票日」は第2位だったが、報道量はウナギの半分強に過ぎなかった。

7月20日土曜日夜、私は前年末の衆議院総選挙のときと同様、東京・秋葉原駅前に、最終日・最後の自民党の街頭演説を見に出かけた。

昼過ぎにはニコニコ動画の中継告知が出ていた。「【街頭最後の訴え】自由民主党 安倍晋三総裁　街頭演説　生中継　開場　18：50」。

今回はこの街頭演説中継を何人が見るだろうか。

秋葉原駅前には、前年12月と同様、大勢の人びとが集まっていた。しかし、今回は人びとのあいだに漂う空気が緩いように感じた。人びとの表情からは、日章旗を掲げて熱気を共有しようというよりも、安倍総理の壇上の姿を楽しみたいという気持ちが読み取れた。

街宣車の近くで、総理大臣秘書官の今井氏とすれ違い、目顔で挨拶を交わした。

22時過ぎ、地元・香川で新人候補の応援に回っていた平井氏の秘書からメールが着信した。「香川もかなりいい感じになってます。このままいけばいい結果になると思います。

明日の開票後、平井が取材を受けることになると思います。ネット選挙運動を総括するメモを送っていただけませんか」

最後の指令である。翌21日、13時過ぎ、私は応答した。平井氏の言葉として書いた。

＊

・今回のネット選挙運動はそれほど盛り上がらなかったように見えるが、その原因はネット選挙運動の理解や方法にあるのではなく「選挙そのものが低調だったため」である。これを象徴するのは、昨年12月の衆院選では記録的な視聴者（述べ１４０万人）を集めたニコニコ動画での党首討論会が、今回は20万人弱の集客にとどまった点だ。

・自民党のネット利用に関して言えば、２００９年以来のソーシャルリスニングやソーシャルメディア利用の実績があり、他党を引き離した質・量で参院選に臨むことができた。それにしても野党陣営がもっとしっかりしていれば「経験や装備の差」を超えて、ネット上での活発な情報発信や論戦が見られたのではないか。

（中略）

・スマホゲームなどの手法には好悪両面の印象があると思う。しかしながら、ともすれば無党派層が増えてしまい、投票率がなかなか上がらない昨今の政治の状況のなかでは、少しでも政策に関心を持っていただくためには、いろいろなアプローチがあっていいのではないか。多様なアプローチが繰り出せることもネット選挙運動の良い面だと思う。

・今回の参院選では、ネット上での誹謗中傷やなりすましによる選挙妨害といったことはほとんど起こらなかった。もちろん局面局面で、ひとつの政策事象だけがネット上で大量の書き込みを引き起こすといったことはあったが、それらは一日か二日で収束した。極論を述べる者がいれば、それを冷やす者が必ず現れる。根拠のない感情的な議論はネットでは割とシンプルに収束していく。ネット選挙運動法案を通す段階で危惧されたようなさまざまな懸念と、今回の実態を比べると、総じてネットは常識的と言ってよいのではないか。

＊

投票日当日の開票速報は、チームメンバーの各自がどこかでテレビを見ている。立て込んでいる自民党本部には行かない。だから、勝ったという、まさにその瞬間の現場を候補者や自民党職員たちとわかちあうこともない。親しい議員が当選すれば「おめでとうございます」というメールぐらいは送るが、返事はない。候補者がそのメッセージに対して不用意に「ありがとうございます」と返せば、公職選挙法に抵触するおそれがあるからだ。

第23回参議院議員通常選挙は、自民党が65議席を獲得し、非改選組とあわせて6年ぶりに第一党に復帰。ねじれ国会を解消した。一方の民主党は17議席で過去最低の議席数に終わった。前年の衆院選につぐ、参院選の圧勝。自民党の完全なる勝利だった。

第二次安倍政権の基盤は確立した。私にとっては、２００９年８月に「クチコミ＠総選挙」で政治情報分析に取り組んでから48ヵ月、１４６１日の長い道案内の終わりだった。

終わりは静かにやってきた。

# 終わりに
（2016年５月）

## 情報の結節点に網を張る

## 「果しなき流れの果に」が発想の原点

日本のＳＦの大家・小松左京《こまつさきょう》氏に『果しなき流れの果に』という長編がある。私はＳＦというよりも「意識とはなんなのか」をテーマにした大作と思っているが、その「第七章狩人たち」に「すべての可能性の交叉点に網を張ること」という小見出しがある。その項のなかに「あらゆる可能性の結節点の、時空間の断面に、網を張り、警報をしかけ、少しでもそれにひっかかる兆候があれば……」という文章が出てくる（参照したのはハルキ文庫、１９９７年12月18日第一刷、３１８～３１９ページ）。

たぶん、最初に読んだのは中学生か高校生のときだったが、今でも思い出せるのだから、私のなかに相当強く刷り込まれた一節だ。

この一節が私のなかで「情報の結節点に網を張る」と転じていった。１９９０年代前半、私がビジネス誌のニューヨーク特派員として悪戦苦闘していたころだと思う。私は手帳の空きスペースに「インフォメーション＆インテリジェンス＝$I^2$」というアイディアメモを書いた。世界地図のイメージを描いて、そのうえに何本か交差する線を引いた。米国と欧州のあいだを流れる情報、米国とアジアのあいだを流れる情報、米国内を流れる情報には、流れが合流して「情報が濃くなる」場所があり、その場所をよく観察していれば

「ぶつかる流れのどちらが勢いがあるのか」「流れ同士は寄り添おうとしているのか、反発しあっているのか」が見えてくる——というイメージだった。流れる情報のひとつひとつは「インフォメーション」だが、結節点を観察して見えてくるのは「インテリジェンス」だ。

ニューヨークの国際記者クラブの集まりに参加して、プラザ合意とかベルリンの壁崩壊とか湾岸戦争とか世界的に重大な場面のときに「そこに居た」記者の話を聞いてショックを受けた直後だった。私はそんな超一流記者には到底かなわないが、ニューヨークという場所に居れば、そういう記者が発信する情報の息吹を感じることができる。そんな体験から出てきたイメージだと思う。

気をつけて見ていると「情報の結節点」はいたるところにあった。私が90年代後半にニューヨークから移住したシリコンバレーはIT（情報技術）に関する情報の結節点だし、その結節点をさらにクローズアップして覗いてみると、ハードウエアの基本技術情報が濃く集まる結節点や、ソフトウエアの最新技法の情報に焦点が当たっている結節点、中国系やインド系のベンチャー情報が集中している結節点など「結節点の中にも結節点がある」ことにも気づいた。

「情報の結節点に網を張る」——これが私の情報分析の基盤となった。

本書に登場するエム・データ社は、テレビ放送で流れている情報の結節点であり、ホットリンク社はブログや掲示板に書き込まれる情報の結節点である。ツイッターなどSNSでは「インフルエンサー」と呼ばれる人びとがいるが、彼らも結節点である。

現代のグローバルネット企業である「グーグル」や「アマゾン」は、超巨大な結節点そのものだ。「検索キーワード」や「買った品物」はインフォメーションだが、彼らの内部に蓄積されていく情報は、価値の高い「インテリジェンス」に転ずる。インテリジェンスは希少なので、彼らはあまり表に出さないが、自分たちの掌中では世界中のネットユーザーや消費者の動静を見つめ、先回りしてニーズやウォンツを埋めようと工夫を凝らす。流行語になったビッグデータ分析とはそういうことであり、データの発掘や分析の効率を最大限に高めるために用いられるのがＡＩ（人工知能）技術である。

技術的な面では、10代のときに触ったＡｐｐｌｅⅡ（アップル社の事実上初代のマシン）を皮切りに、ずっとコンピュータとつかず離れず付き合ってきたこと、その過程で数理解析などに親しむチャンスがあったことなどが、私にとって発想を実践する支えとなってくれた。

## 「不安な時代」を情報で生きる

自民党の情報分析のかたわらでずっと感じていたのは「不安な時代」だった。世論調査の結果として現れる「ちゃんと取り組んでほしい政策分野」のトップはいつも、「景気・雇用」か「社会保障」だった。いまも変わらないと思う。

景気・雇用とは「儲からない。給料が上がらない。就職できない」という不満の表れである。社会保障は不満からさらに踏み込んで「ずっと儲からないかも。ずっと給料が上がらないかも。ずっと就職できないかも」という不安の表明だ。少子高齢化の傾向が年々露わになるにつれ「惨めな老後、惨めな死に方になったらどうしよう」という老後の不安も増幅した。

これらに加えて、普通に生活している分にはあまり意識しないが、「日本は大丈夫か」という大きなレベルの不安がある。経済的な面での国力は30年前とくらべれば明らかに低下した。外交・安全保障面では、現実に北朝鮮はミサイルを撃ち、中国は着々と東シナ海の実効支配の動きを強めている。頼みにしてきた米国の力も昔のように圧倒的ではなくなった。

こうした不安を解消しようと政策を練っている——という点では与党も野党も変わりはない（と信じたい）。ただ、思想が異なる。本書の4年間で見れば、民主党は鳩山総理の「友愛」や、菅総理が掲げた「最小不幸社会」というキーワードに象徴される「もうあまり頑張らなくていい。あるものを分け合って、痛みもわかちあいながら生きていこう」という消極的思想である。

一方、自民党は、谷垣総裁の言った、

「自助・共助・公助――一番基本となるのは自分の足で立たなきゃダメということです。自らの足で立っていくということがいろんなパワーを引き出していく源泉じゃないかと思います。そしてみんなが頑張れる環境を作るのが政治だ」

あるいは小泉進次郎氏が訴えた、

「ほどほどの努力では、ほどほどの幸せもつかめない。一生懸命頑張って、一生懸命働いて、豊かな、イチバンの国をつくりましょう」

に象徴される、積極的思想である。

私は積極的思想を支持する。なぜかと言ったら、昔から言う「棒ほど願って針ほど叶う」ということわざは真実だと体験的に信じるからである。ネット上の『故事ことわざ辞典』によれば「棒ほど太くて大きな望みを持っていても、実際は針ほどの細く小さな願いしか叶えられない。(中略)世の中は願い通りにはいかないものだということと、願いが叶うのはわずかだから望みは大きく持つべきだという二つの教訓が含まれている」。その通りだと思う。

最初から針ほどしか願わなかったら、おそらくなにひとつ叶わない。

積極的に生きていくために「情報」を活用できると思う。ほとんどの不安は、情報的な自分の現在位置がわからないことから生じている。現代の人びとの不安の源泉はソコにある。

「自分はなにが不満・不安なのか」

「その不満や不安は自分だけのものか。たくさんの人で共有できるものなのか」

「自分はどうしたいのか。どうなったら不満や不安が解消するのか」

「そのためにはどんな道があり、どういうふうにすればその道に沿って歩いて行けるのか」――情報は選択肢や指針を与えてくれる。

「わからない」という答えしか出てこないときは、「なぜわからないのか」と一歩引いて考えてみること。これはメタデータの考え方。「わからない」という情報にもメタデータを見つけることがきっとできる。

時には、自分にとって残酷な情報を見つけてしまうこともある。しかし、目をそらしているよりも「早く」「正確に」知って、くじけずに打開のための情報を見つけに行く方がよい。

本書に記した政権奪還への情報分析には、こういう心意気で取り組んだ。

どこの馬の骨ともわからない私を拾ってくれた、茂木、平井、世耕の三先生にまず心から感謝したい。塩崎、加藤、小池の歴代の情報分析会議のトップの先生方も、本音のところアタマのなかに「?」が灯ったことも多かったはずだが、よくぞお付き合いくださいました。外部から突然しゃしゃり出た私の言動をじっとこらえてくれていた自民党職員の皆さん、ご迷惑をおかけしました。

そして情報分析の期間を通してつねに隣に居て私をサポートしてくれた高橋伸太郎氏に格別のねぎらいと感謝を伝えたい。「君がいなければ数々の難関は超えられなかった」。高橋氏は現在、慶應義塾大学湘南藤沢キャンパスの特任講師を務めている。

毎日、莫大な量の基礎データと向き合いつづけてくれたエム・データ社の自民党情報チーム、最も初期のころに週に一度の徹夜を共にしてくれた江藤潔氏にも。

私自身の「情報参謀」としての仕事の感想はひと言に集約できる。

野党時代の自民党と働いた4年間は、掛け値なしにおもしろかった!

*

講談社現代新書　2377

# 情《じょう》報《ほう》参《さん》謀《ぼう》

二〇一六年七月二〇日第一刷発行　二〇一六年九月一日第二刷発行

著　者　小《こ》口《ぐち》日《ひ》出《で》彦《ひこ》　© Hidehiko Koguchi 2016

発行者　鈴木　哲

発行所　株式会社講談社

東京都文京区音羽二丁目一二—二一　郵便番号一一二—八〇〇一

電　話　〇三—五三九五—三五二一　編集（現代新書）

〇三—五三九五—四四一五　販売

〇三—五三九五—三六一五　業務

装幀者　中島英樹

本文データ制作　朝日メディアインターナショナル株式会社

印刷所　大日本印刷株式会社

製本所　株式会社大進堂

定価はカバーに表示してあります　Printed in Japan

本書のコピー、スキャン、デジタル化等の無断複製は著作権法上での例外を除き禁じられています。本書を代行業者等の第三者に依頼してスキャンやデジタル化することは、たとえ個人や家庭内の利用でも著作権法違反です。Ⓡ〈日本複製権センター委託出版物〉複写を希望される場合は、日本複製権センター（電話〇三—三四〇一—二三八二）にご連絡ください。

落丁本・乱丁本は購入書店名を明記のうえ、小社業務あてにお送りください。送料小社負担にてお取り替えいたします。なお、この本についてのお問い合わせは、「現代新書」あてにお願いいたします。

N.D.C.310　218p　18cm

ISBN978-4-06-288377-1

# 「講談社現代新書」の刊行にあたって

教養は万人が身をもって養い創造すべきものであって、一部の専門家の占有物として、ただ一方的に人々の手もとに配布され伝達されうるものではありません。

しかし、不幸にしてわが国の現状では、教養の重要な養いとなるべき書物は、ほとんど講壇からの天下りや単なる解説に終始し、知識技術を真剣に希求する青少年・学生・一般民衆の根本的な疑問や興味は、けっして十分に答えられ、解きほぐされ、手引きされることがありません。万人の内奥から発した真正の教養への芽ばえが、こうして放置され、むなしく滅びさる運命にゆだねられているのです。

このことは、中・高校だけで教育をおわる人々の成長をはばんでいるだけでなく、大学に進んだり、インテリと目されたりする人々の精神力の健康さえもむしばみ、わが国の文化の実質をまことに脆弱なものにしています。単なる博識以上の根強い思索力・判断力、および確かな技術にささえられた教養を必要とする日本の将来にとって、これは真剣に憂慮されなければならない事態であるといわなければなりません。

わたしたちの「講談社現代新書」は、この事態の克服を意図して計画されたものです。これによってわたしたちは、講壇からの天下りでもなく、単なる解説書でもない、もっぱら万人の魂に生ずる初発的かつ根本的な問題をとらえ、掘り起こし、手引きし、しかも最新の知識への展望を万人に確立させる書物を、新しく世の中に送り出したいと念願しています。

わたしたちは、創業以来民衆を対象とする啓蒙の仕事に専心してきた講談社にとって、これこそもっともふさわしい課題であり、伝統ある出版社としての義務でもあると考えているのです。

一九六四年四月　野間省一

## 政治・社会

## 経済・ビジネス

## 知的生活のヒント


78 大学でいかに学ぶか　増田四郎
86 愛に生きる——鈴木鎮一
240 生きることと考えること　森有正
297 本はどう読むか——清水幾太郎
327 考える技術・書く技術—板坂元
436 知的生活の方法——渡部昇一
553 創造の方法学——高根正昭
587 文章構成法——樺島忠夫
648 働くということ——黒井千次
722 「知」のソフトウェア—立花隆
1027 「からだ」と「ことば」のレッスン　竹内敏晴
1468 国語のできる子どもを育てる——工藤順一

1485 知の編集術——松岡正剛
1517 悪の対話術——福田和也
1563 悪の恋愛術——福田和也
1620 相手に「伝わる」話し方　池上彰
1627 インタビュー術！——永江朗
1679 子どもに教えたくなる算数　栗田哲也
1684 悪の読書術——福田和也
1865 老いるということ——黒井千次
1940 調べる技術・書く技術—野村進
1979 回復力——畑村洋太郎
1981 日本語論理トレーニング—中井浩一
2003 わかりやすく〈伝える〉技術—池上彰
2021 新版 大学生のためのレポート・論文術——小笠原喜康

2027 地アタマを鍛える知的勉強法——齋藤孝
2046 大学生のための知的勉強術——松野弘
2054 〈わかりやすさ〉の勉強法——池上彰
2083 人を動かす文章術——齋藤孝
2103 アイデアを形にして伝える技術——原尻淳一
2124 デザインの教科書——柏木博
2147 新・学問のススメ——石弘光
2165 エンディングノートのすすめ——本田桂子
2187 ウェブでの〈伝わる〉文章の書き方—岡本真
2188 学び続ける力——池上彰
2198 自分を愛する力——乙武洋匡
2201 野心のすすめ——林真理子
2298 試験に受かる「技術」——吉田たかよし

## 日本語・日本文化

105 タテ社会の人間関係　中根千枝
293 日本人の意識構造──会田雄次
444 出雲神話──松前健
1193 漢字の字源──阿辻哲次
1200 外国語としての日本語──佐々木瑞枝
1239 武士道とエロス──氏家幹人
1262 「世間」とは何か──阿部謹也
1432 江戸の性風俗──氏家幹人
1448 日本人のしつけは衰退したか──広田照幸
1738 大人のための文章教室　清水義範
1943 なぜ日本人は学ばなくなったのか──齋藤孝
2006 「空気」と「世間」──鴻上尚史
2007 落語論──堀井憲一郎
2013 日本語という外国語　荒川洋平
2033 新編 日本語誤用・慣用小辞典　国広哲弥
2034 性的なことば──井上章一　斎藤光　澁谷知美　三橋順子　編
2067 日本料理の贅沢──神田裕行
2088 温泉をよむ──日本温泉文化研究会
2092 新書　沖縄読本──下川裕治　仲村清司　著・編
2127 ラーメンと愛国──速水健朗
2137 マンガの遺伝子──斎藤宣彦
2173 日本人のための日本語文法入門──原沢伊都夫
2200 漢字雑談──高島俊男
2233 ユーミンの罪──酒井順子
2304 アイヌ学入門──瀬川拓郎

### 『本』年間購読のご案内
小社発行の読書人の雑誌『本』の年間購読をお受けしています。

**お申し込み方法**
小社の業務委託先〈ブックサービス株式会社〉がお申し込みを受け付けます。
①電話　フリーコール　0120-29-9625
年末年始を除き年中無休　受付時間9:00〜18:00
②インターネット　講談社ＢＯＯＫ倶楽部　http://hon.kodansha.co.jp/

**年間購読料のお支払い方法**
年間(12冊)購読料は1000円(税込み・配送料込み・前払い)です。お支払い方法は①〜③の中からお選びください。
①払込票(記入された金額をコンビニもしくは郵便局でお支払いください)
②クレジットカード　③コンビニ決済